KB105879

팔영산 야인

정치사회
고군분투기

팔영산 야인 정치사회 고군분투기

발행일   2024년 2월 23일

지은이   김영주
펴낸이   손형국
펴낸곳   (주)북랩
편집인   선일영   편집   김은수, 배진용, 김부경, 김다빈
디자인   이현수, 김민하, 임진형, 안유경   제작   박기성, 구성우, 이창영, 배상진
마케팅   김회란, 박진관
출판등록   2004. 12. 1(제2012-000051호)
주소   서울특별시 금천구 가산디지털 1로 168, 우림라이온스밸리 B동 B113~114호, C동 B101호
홈페이지   www.book.co.kr
전화번호   (02)2026-5777   팩스   (02)3159-9637

ISBN   979-11-93716-74-8 03300 (종이책)   979-11-93716-75-5 05300 (전자책)

잘못된 책은 구입한 곳에서 교환해드립니다.
이 책은 저작권법에 따라 보호받는 저작물이므로 무단 전재와 복제를 금합니다.
이 책은 (주)북랩이 보유한 리코 장비로 인쇄되었습니다.

(주)북랩 성공출판의 파트너

북랩 홈페이지와 패밀리 사이트에서 다양한 출판 솔루션을 만나 보세요!

홈페이지 book.co.kr   •   **블로그** blog.naver.com/essaybook   •   **출판문의** book@book.co.kr

작가 연락처 문의 ▶ ask.book.co.kr

작가 연락처는 개인정보이므로 북랩에서 알려드릴 수 없습니다.

정치가 무엇이관데 생사를 좌우지하는가

팔영산 야인
정치사회
고군분투기

김영주 지음

북랩

　어느덧 이곳, 무위자연으로 스며들어 자연인으로 지낸 지도 어언 여러 해입니다. 그저 주어진 현실을 피하고 싶었지요. 모든 것이 맞지 않았습니다. 마치 맞지 않는 옷을 입은 것처럼 매우 불편했었지요. 그래서 더없이 조용한 이곳으로 왔습니다. 그러나 생면부지로 모든 것이 낯설고 낯설어, 괜스레 서러운 마음까지 들었습니다. 사방으로 욱여쌈을 당하고 마치 가시덤불 속에 앉아 있는 애처로운 한 마리의 새와도 같았습니다. 네 편, 내 편. 내 편은 아무도 없었습니다. 자비는 없었습니다. 냉혹한 사회의 현실 앞에 그저 울부짖으며 하늘만 쳐다보았습니다. 그것이 오늘날 나를 있게 했고, 어줍은 쓴소리로 정치, 경제, 사회를 꼬집고 비틀어 토해 냈습니다.

　어찌 사람이 혼자서만 살 수가 있다는 말인가요? 세상에는 천상천하 유아독존, 독불장군은 없습니다. 자연과 자연, 자연과 사람, 사람과 사람이 어우러져 더불어 살게 마련이지요. 어찌 보면 그것이 인간의 본분이자, 하늘의 뜻인지도 모를 일이지요. 수많은 사람들은 혼자서 살아갈 듯이 개인과 개인, 이웃과 이웃, 국가와 국가끼리, 정치 사회가 높은 담을 쌓아 대립하고, 주변을 돌아보지 않습니다, 헤아려 살피지도 않습니다. 그저 개인, 집단의 이익을 먼저 생각하고 유익을 쫓아서 살아갈 뿐이지요?

그럼에도 개인의 영욕을 포기한 채로 함께 더불어 살아가겠다고 동분서주하는 이들이 있습니다. 그들이 있기에 아직은 살 만한 사회라고 말들을 하지요. 쿵쾅쿵쾅 심장이 뜁니다. 그들을 보며 희망을 노래하지요. 국민의 안위보다는 영욕으로 얼룩진 위정자들이 있는 한, 한 국가의 정치, 경제, 사회는 참으로 암담하지요. 욕심으로 내 것, 내 것만을 주장하는 이들이 있는 한, 세상은, 한 나라의 정치, 경제, 사회는 암울하지요. 역사를 왜곡하고 부정하는 사람들이 있는 한, 민족이 한 국가의 미래는 없습니다. 이제는 함께 사는 공동체! 너 죽고 나 죽자가 아니라 너도 살고 나도 살자는 것입니다. 나만 살자는 것이 아니라, 너도 함께 살자는 것입니다. 그것이 우리 모두의 공동체가 나아갈 길입니다?

또 한 해가 덧없이 갑니다. 도도히 흐르는 강물처럼 흘러갑니다. 시위를 떠난 화살처럼 신속히 지나갑니다. 뒤돌아보면 격세지감이요, 상전벽해, 오늘이 다르고 내일이 다릅니다. 하루하루가 변화무쌍하지요. 정치, 경제, 사회는 변화무쌍한 생물이지요. 살아 움직이는 예측하기 힘든 존재이지요. 불과 얼마 전만 해도 그랬습니다. 지금도 그렇습니다. 마치 럭비공과 같아서 어디로 튈지 모르는 예측 불허의 시황, 곡예사와도 같습니다. 들려오는 정치, 경제, 사회의 소식들은 그저 캄캄하고 암울하기만 합니다. 그럼에도 불구하고 우리들은 예측 가능한 정치, 경제, 사회를 만들어야 합니다. 그것은 우리들의 바람이요, 가장 중차대하게 주어진 일입니다. 의연하게 감당해야 할 우리들의 몫이지요.

그렇기에 문명의 이기 앞에 무릎을 꿇을 수만은 없습니다. 그렇다고 들여오는 이런저런 소문을 듣고 보고만 있을 수는 더더욱 없습니다. 천 리 밖에서 들려오는 소리 소문은 남의 나라 이야기인 양 멀뚱멀뚱 치부하기에는 좀처럼 마음이 놓이질 않습니다. 수도 한복판 광화문 네거리에서는 이름 모를 무수한 집회들이 끊이질 않고 있지요. 정치, 경제, 사회는 암담함과 혼돈 그 자체이지요. 국가와 민족, 사회의 구성원인 많은 사람들은 하나같이 정치 경제, 사회를 잘 알고 있다고들 생각하겠지만, 그저 그렇지만은 않은 것 같아 안타깝기 그지없습니다. 무엇인가는 아귀가 맞지 않아 요란하게 덜컹거리는 수레바퀴와도 같습니다.

그런 모습들을 듣고 보며, 들려오는 소리 소문들, 뜬소문인지는 모르겠지만 나름 안타까운 마음에 몸서리를, 몇몇 사건들은 우리 모두를 하염없이 울렸습니다. 인명은 재천이라고들 하지만 그러기에는 너무나도 안타까운 일입니다. 유비무환이라고 혹여 만약을 대비했더라면, 조금만 더 미리미리 대비했더라면 어찌 되었을까요? 하는 아쉬움이 저를 내버려 두질 않았습니다.

뿐인가요? 국민의 바람을 반영하는 대의민주주의는 어디로 가고 국민과의 소통? 국민을 위한 정책? 인구 절벽과 지방 소멸이라는 중차대한 일들이 울림으로 다가옵니다. 크고 작은 이런저런 일들이 다가옵니다. 답답한 마음에 그때그때마다 부지런히 손을 열심히 움직였습니다. 그저 보잘것없고 미력하게나마, 주제넘는 쓴소리들을 그때그때, 하나하나 주섬주섬, 용기백배, 담담히 쓴 육십오

팔영산 야인 정치사회 고군분투기

편을 한 권의 책으로 담아냈습니다.

　무모한 혜안인지는 모르겠지만 그 느낌 그대로, 생각나는 그대로, 짧은 식견이나마 주제넘게 쓴 소리를 피를 토하듯이 뱉어 냈습니다. 마치 신들린 과객처럼 미친 듯이 칼을 마구 휘둘렀습니다. 어쩌면 비평할 가치조차 없는 일들을, 그럼에도 한편으로는 어쩌면 하나님이 인생계에 노한 나머지 혼탁한 이 시대를 책망하는 말씀인지도 모르겠다는 생각으로, 그리고 커다란 위안을 삼고, 어줍은 글들을 가차 없이 부글부글 담북장처럼 끓여 냈습니다. 진정 하나님이 우리에게 하고픈 말씀인지도 모를 일이지요. 누가 뭐래도 하나님의 도우심이 아닐 수 없습니다. 생각하면 할수록 전적인 하나님의 은혜이지요. 세상은 천우신조 신묘막측, 조화 속이 아닐 수 없습니다.

　그러기에 용기백배, 용기를 내어 『팔영산 야인 정치사회 고군분투기』라는 이 책에, 많이 부족하지만 서슴없이, 거침없이, 천진난만하게 담아냈습니다. 순전히 하나님의 은혜이지요. 한편으로는 많은 이들이 저에게 말로나 일에나 안다리를 걸고, 힘을 가한 매몰찬 사람들의 덕분이기도 하지요? 그러기에 분개했고, 활화산처럼 사정없이 분출했습니다. 꼬집고 비트는 쓴소리, 비평의 글들이 분출되었습니다. '고난이 유익이다'라는 말씀처럼 모든 면에서 고난이 유익이 되었습니다. 뒤돌아보면 하나님이 도우시고 나의 곁에서 항상 함께하셨지요. 하나님께 영광을 돌립니다.

　작금의 정치 경제는 매우 어둡습니다. 여타 위정자들은 분골쇄신, 환골탈태 혁신을 약속하였지만 모르쇠로 일관하고 있습니다.

위정자들의 분골쇄신 환골탈태, 혁신만이 살길이지요? 정치 경제
는 우리들의 삶에 있어서 떼려야 뗄 수 없는 불가분의 관계이지요?
작은 소망이 있다면 서민들의 삶이 좀 더 풍요로워졌으면 좋겠습
니다.

　이 책이 많은 사람들에게 용기를 주었으면 합니다. 이 책을 통하
여 나라의 주인임을 자각하고, 무엇보다 더욱 올바른 투표와 선거,
더욱 올바른 지도자들을 선택해야 한다는 당위성과 자긍심을 가
졌으면 좋겠습니다. 그것이 우리들의 살길이라는 것을 즉시하고,
대의민주주의, 평등 평화, 기회균등, 공정, 통일 등 온 누리에 서광
의 꽃이 피기를 간절히 소망합니다. 정치는 억울한 국민을 만들지
않는 것이지요? 정치는 사람을 살리는 것이지요? 억울하게 만들지
않기를, 사람을 사람답게 살릴 수 있기를, 주권자로서 당당히 살아
낼 수 있기를 두 손 모아 소망합니다.

정치 경제, 사회가 살아나기를 소망하며
2023년 12월 29일 또 한 해를 보내며
남도 팔영산자락 성지골에서

저자 김영주

목차

1,806을 아시나요

들을 수 있는 귀가 있으니, 볼 수 있는 눈이 있으니 복이겠지만, 하필 그만 뉴스를 보다가 처음 알게 된 놀라운 사실이 있었지요. 한 사람이 최고 1,806채의 주택을 가지고 있다는 보도이지요. 400채 이상 가진 사람만도 5명이 있다고 하니 놀랄 따름이지요. 한 사람이 이렇게 상상을 초월하는, 어마어마하게 많은 집을 가지고 있다고 하지요. 시쳇말로 깜짝 놀랄 일이지요. 기절초풍할 노릇이 아닐 수 없지요.

고을고을 집 없는 사람들의 한숨 소리가 메아리칠 테지만 어이하나, 없는 자들은? 가타부타 거론해서 미안은 하지만 어이하랴? 입 두었다가 손 두었다가 무얼 할 것인가요? 달밤에 승냥이마냥 우우 짖어나 보아야겠어요. 아뿔싸! 못 보고 못 들으면 그만인 것을, 보고 들으니 가슴만 저려 오지요.

식자우환이라더니 무슨 팔자에 옴이 붙었는지 보고 듣고서야, 어디 그냥 있을 수 있단 말인가요? 쓴소리를 아니 할 수가 없지요. 괜히 집 없는 아픔을 들추어 건드리고, 간섭을 해서 가슴이 괜스레 아프지만, 못 보고 못 들은 체 말하지 않으면 좋으련만, 어이하나요? 그것이 약인데. 말한다고 들을 것인가요? 그저 다 부질없는 일이지요. 그래도 할 말은 해야 할 것 같아요. 허공일지라도 꿋꿋이 소리를 질러야 후련할 것 같아요. 그래야 살 것 같아요.

혹자들은 많이 가졌다고 무슨 잘못이 있냐고, 자본주의에서 많든 적든 있든 없든, 내 마음대로라며 항변할지도 모를 일이지요. 아니꼬우면 집 사라고 외칠지도 모르겠지만, 집이 없으니 샘이 나서 불평불만만 한다고 치부할지도 모를 일이지요. 뿐인가요? 없는 것이 무슨 자랑할 일은 아니겠지만 한역 쓴소리라도 할라 손치면, 툭하면 공산주의자, 빨갱이라고 몰아세우며 말들이 많지요.

과연 그럴까요? 너와 내가, 우리 함께 사는 공동체에 할 일과 하지 말아야 할 일들이 엄연히 존재하지요. 그중 집만큼은 투기의 대상으로 삼지는 말아야 하지요. 집 없는 사람들을 위하여, 미래의 국가와 민족을 위해서요. 자라나는 세대, 우리 모두를 위해서 말이지요.

집을 짓는 족족 사면, 그렇게도 속이 후련할까요? 시원시원하시나요? 집을 짓고 또 지어도 천정부지로 오르고 또 오르고, 누군가는 지금 이 시간에도 집이 없어 울고 있다는 사실을 명심해야 하지요. 지금 이 순간에도 어떤 이는 전세로, 월세로 전전긍긍, 단칸방 원룸에서, 비좁은 한 평 고시원에서, 한 평도 안 되는 쪽방에서, 스산한 거리에서 노숙인으로, 농업용 비닐하우스에서, 운반용 컨테이너에서 날밤을 새우며 집 걱정, 처자식 걱정에 노심초사, 좌불안석으로 살아가고 있지요. 어떤 이는 깊은 산속 오두막에서, 움막에서, 초막에서 살아가는 사람도 있다는 사실이지요. 옛 말씀에 "서러움 중에 가장 큰 서러움은 집 없는 서러움이요. 배고픈 서러움이다."라고 말들 하지요. 아! 없는 자들은 어이 살아가라고 그리할까요? 쉼이 없는 질주는 위험할 뿐이지요. 폭주하는 기관차처럼 이젠 멈추기를 바라지요. 과도한 욕심은 패가망신의 지름길로 금물이지요.

미안하지만 투자처를 찾아보세요. 하필이면 꼭 집으로 부를 축적하고 돈을 벌어야만 하나요? 내가 내 돈 가지고 내 맘대로 한다는 데야 할 말은 없겠지만, 과연 그럴까요? '일인은 만인을 위하여, 만인은 일인을 위하여'란 말이 있지 않나요? 위하여 할 수만 있다면 그렇게 하는 것이 사람 사는 도리가 아닐는지요? "집만큼은 투기의 대상으로 삼지 말아 주세요. 제발요." 지극히 작은 자들의 외침이 들리지 않나요? 자라나는 다음 세대를 위해서라도 이번만큼은, 의식주만큼은, 가난하고 집 없는 자들을 생각한다면, 하늘 무서운 줄 안다면, 제발! 멈추시기를.

아! 부동산 정책만 잘해도 백 점일 텐데, 무엇이 그리도 발목을 잡았나요? 정책 부재인가요? 가진 자들을 위해서인가요? 아니면 가진 자들의 횡포라도 있다는 말인가요? 국가는? 위정자들은 알겠지요? 무엇이 문제인지를, 집은 국민이 살아가야 할 곳, 쉼을 얻는 보금자리이지요. 바람도 막고, 비도 막고, 추위도 막고, 더위도 짐승도 해충도, 온갖 것을 막아 주는 그런 피난처이지요.

병폐 중에 병폐는 알고도 고치지 않는 것이 가장 큰 병폐이지요. 민생 문제에는 여야가 따로 없지요. 쇠뿔도 단김에 빼랬다고, 홧김에 서방질한다고 말들을 하지만 불어 터진 국수마냥 죽쳐져서 천불이 나지요. 목표는 하나이지요. 다름 아닌 일 가구 일 주택이지요? 집은 돈벌이의 수단이 되어서는 아니 되지요. 집은 자랑거리가 아니지요. 지구상에 숨 쉬는 모든 생명체는 어떤 유형이든 집을 가지고 있지요. 하물며 사람은 어떤가요? 있어야 할 집이 없다면 그 서러움을 그 누가 달래 주나요? 그 죗값이 나날이 차곡차곡 쌓여만 가겠지요.

집은 재화를 떠나서, 다만 필요 불가결로 생계에 없어서는 안 되는 안식처이지요. 사람은 벌거숭이 털 없는 하나의 짐승에 불과하지요. 집은 지켜야 할 마지노선으로, 물러설 수가 없는 최후의 보루이지요. 주섬주섬 주워 모아 많다고 으스대려고요, 자랑하려고요, 돈벌이하려고요, 갑질하려고요, 죽을 때까지 가져가려고요, 그런 가당치도 않는 생각은 하지도, 품지도 마세요. '권불십년 재불십년'이라고 하지요. 고작 몇십 년 누리겠다고, 한평생을 그리 살아가려고 발버둥 치나요? 죽지 않고 영원히 살아갈 듯이 오두방정이지요. 강건하면 칠팔십이요, 주어진 수를 다한다면 백이십 년이라고 하지요. 부자가 천국에 들어가기가 쉽지 않다고 하지요. 차라리 낙타가 바늘귀를 통과하는 것이 쉽다고 하지요. 예수님의 말씀이지요.

이제는 같은 공동 운명체! 사회의 일원으로서 나라를 위하여, 대동 세상을 위하여, 법을 만들고 법으로 엄히 다스려야 합니다. 그것이 다름 아닌 법치이지요. 법은 누가 만들고 집행하며, 위반하면 누가 벌을 주나요? 입법부, 행정부, 사법부가 아닌가요? 삼부가 조화롭게 잘 맞아야 국민이 안심하고, 생업에 종사하며 마음껏 일하고, 행복을 누릴 수가 있지 않나요? 마치 오케스트라의 연주처럼. 홍어 삼합이란 말도 있지요? 삼부가 힘을 합하고 조화를 이루어야 하지요. 저마다 갈팡질팡해서는 안 되지요? 머리를 싸매고 무엇이 국민을 위하는 길인지, 온 힘을 다하여 힘을 합할 때이지요.

민심이 천심이다. 주권 재민, 권력은 국민으로부터 나온다고 말들 하지요. 국민 위에 군림하는 것이 아니라 국민을 하늘같이 떠받들어 섬기는 것이지요. 국민이 곧 하늘과 같지요. 하늘의 명령이자, 국민의 명령이지요. 예수님도 이 땅에 오셔서 약자들을 섬기고 사랑했지요. 대접받으러 오신 것이 아니라 섬기러 왔다고 말씀하시지요. 사람은 서로 위하고 섬기려 할 때 그 존재 가치가 있지요. 국가도 마찬가지이지요?

국가는 국민의 최후의 보루이지요. 국민, 영토, 주권, 국민 없는 국가는 존립할 수가 없어요. 국민이 없으면 그 존재 가치도, 그 이유도 없어요. 두 손 모아 빌어 보네요. 집 없는 자들에게, 서민들에게, 너도 나도 집을 가질 수 있다는 소망을 주어요. 예측 가능한 삶을 살아갈 수 있도록.

자연의 모든 것들을 사랑하자!
사랑으로 살아가자!
언제나.

190614

어느 참전 용사의 넋두리

세월은 유수와도 같아서 어김없이 유월이 왔지요. 유월은 나라와 민족을 위하여 목숨을 초개와 같이 버린, 선열들을 기리는 호국의 달이지요. 다름 아닌 현충일이 들어 있기 때문이지요. 6.25 동란, 사변 등으로 민족의 아픈 역사가 있는 달이지요. 나라와 민족을 위하여 아낌없이, 기꺼이 목숨 바친 선열들의 숭고한 정신을 기리기 위한 달이기도 하지요. 곧 6월 25일이 다가오지요. 나라와 민족을 위하여 목숨 받친 숭고한 그들의 희생이자, 우리들의 아픔을 영원토록 잊지 말자는 호국의 달, 마음에 새기고 잊지 말아야 할 일이지요. 동족상잔의 비극을.

민족의 비극, 동족끼리의 전쟁 6.25 동란, 그 전투에서 살아 돌아온 한 병사의 이야기이지요. 전쟁터에서 총부리를 겨눈 생사의 갈림길에 섰을 때 점점 엄습해 오는 죽음의 공포, 얼마나 두려워했을까요? 고을고을 방방곡곡 전쟁터에 부름받은, 무쇠도 녹일 듯이 혈기 왕성한, 힘차게 피 끓는 장정들이 속속 전쟁터에 집결. 그들은 미처 기본적인 군사 훈련조차 받지 못했지요. 심지어는 개인 장구 보급품조차 제대로 받지 못하고, 변변치 못했지요. 먹을 것, 입을 것도 모자라서 허덕이면서 전장에 투입되었지요. 아비규환 포화 속에서 생사를 넘나드는 전장을 목도했을 때, 죽느냐 사느냐 생사의 갈림길에 섰을 때, 채 피지도 못한 꿈 많은 장정들이 하나둘, 처참한 죽음의 소용돌이 속으로 빨려 들어갔지요.

넋 나간 일부 계층들은, 소수이기는 하겠지만, 뒷배가 있고 돈 있는 장년들은 긴급 소집을 피하고, 소집이 되었더라도 후방으로 배치되었으니 뒷배 없고 돈 없는 장정들은 죽음 앞에 이 어찌 원통하고 분통한 일이 아닐까요? 때는 전시라 진퇴양난, 이러지도 저러지도, 옴짝달싹할 수 없어 하늘에 운명을 맡길 수밖에 없었지요. 생사의 갈림길에서 하루속히 벗어나고 싶은, 살아 돌아갈 수만 있다면, 그 마음이 오죽했겠어요? 저들처럼 뒷배라도 있었다면. 마음만은 굴뚝같았겠지요.

전쟁의 이 와중에도 뒷배로 병력을 기피하는 자들, 병사들의 사기를 꺾어 버리는 못된 짓들이 아닐 수 없지요? 나라의 부름을 받은 장정들은, 나라를 지킨다는 자부심과 한편 뒷배가 없어 불려 온 자괴감이 컸으리라는 생각은 불을 보듯 뻔한, 두말할 나위가 없겠지요? 그럼에도 나라와 민족을 위해 죽기를 각오한 장정들, 기꺼이 최전방에서 전투를 해야만 했지요. 생사의 갈림길에서 풍전등화와 같은 나라와 민족을 보며 목 놓아 울부짖어야만 했지요. 같은 민족끼리 심지어는 가족끼리 총부리를 겨누는 현실은 말로 형용할 수 없이 처참했고 냉혹하기만 했겠지요.

포성은 점점 가까이 다가오고, 긴장감은 극에 달할 즈음 급기야

흉탄이 비 오듯이 쏟아지는 가운데, "돌격, 앞으로!"라는 명령이 떨어졌지요. 이내 맞닥뜨린 피아는 아비규환의 처절한 백병전이 시작되었지요. 죽느냐, 사느냐. 극도의 공포 속에서 바로 옆에서 죽기살기로 싸우고 있던 전우들이 하나둘 쓰러졌지요. 겁에 질린 병사들은 누가 먼저랄 것도 없이 피범벅이 된 전우들을 바라보며 하나둘 슬금슬금 꽁무니를 빼고 뒤돌아서기 시작했지요.

그때 대대장이 소리를, "돌격, 앞으로!", "물러서지 마라!", "물러서면 죽는다!" 소리를 쳤지만, 겁에 질린 병사들은 자꾸 뒷걸음을 쳤지요. 마치 도살장으로 끌려가는 소들처럼 잔뜩 겁먹은 커다란 눈으로 뒷걸음질을 쳤지요. 그 모습을 본 대대장은 다급하게 무전병을 부르고 사단장에게 보고를 합니다. 대대장은 파죽지세로 몰려드는 적이 감당이 안 되는 열세라고 지원군을 요청했지요. 병사들은 혼비백산 전열을 잃었다고 보고했지요. 급기야 철수하여야 하겠다고 보고를 했지요. 그때 수화기 너머 저편에서 벼락 치듯이 쩽쩽하게 들려오는 소리, "후퇴하지 말고 맞서서 싸우라!"라고. "겁먹지 말고!" 그러면서 "네 아들이 죽느냐? 내 아들이 죽느냐? 돌격하라!", "돌격, 앞으로!"라는 외침이 들려왔지요. 카랑카랑한 사단장의 명령에 대대장은 마지못해 권총을 뽑아 들고 공포탄을 쏘며 "돌격, 앞으로!"라고 외치지요. 등 뒤에서 버티고 서서 권총을 겨누며 기진맥진한 병사들을 향하여 황급히 소리를 쳤습니다. "물러서는 자는 내가 먼저 쏠 것이다!", "죽기를 각오하고 돌격하라!", "돌격하라!", "돌격!", "돌격, 앞으로!".

전쟁은 죽기 아니면 살기로, 아니, 너 죽지 않으면 내가 죽는다는, 피도, 눈물도, 인정사정도 없지요. 진퇴양난에 처한 병사들은 선혈이 낭자한 전장을 보며, 쓰러지는 전우들을 보자, 다시 한번 죽기 살기로, 이 한 몸 바치겠다는 각오로, 임전무퇴 살신성인의 굳은 각오를 불태우며 전투에 임하였지요. 그러나 빗발치는 포화 속으로 달려 나가 보지만, 적의 흉탄에 하나둘 비명을 지르며 쓰러 졌지요. 힘겨운 전투는 계속되고, 그때 한 병사가 비명과 함께 "빽!"이라고 외치며 쓰러졌지요. 거친 숨을 몰아쉬는 그 병사는 "든 든한 뒷배만 있었어도, 백만 있었어도 내가 이 전장에서 죽지는 않 을 텐데."라는 말을 나직한 목소리로 하며 눈을 감았지요. 이유 여 하를 막론하고 전장의 이슬로 사라진 병사들의 우국충정을 잊지 말아야 할 것입니다. 한 시대 역사의 뒤안길에서 나라와 민족을 위 하여 목숨을 바친 그 병사들의 숭고한 애국 정신, 피로 얼룩진 전 장에서 산화한, 채 피지도 못한 꽃들은 역사 속에서 길이길이 살아 남을 것입니다. 우리가 기억하여야 할 가슴 아픈 역사이지요.

한편, 전장에서 무사히 살아 돌아오기만을 기다렸을 부모님들에 게 전사 통지서가 전달되었지요. 아들의 슬픈 전사 통지서를 가슴 에 안고, 산천이 떠나갈 듯이 꺼이꺼이 한 맺힌 울음을 토해 냈지 요. 기막힌 울음 끝에 순간순간, 아들에 대한 미안함과 누구를 위 한 전쟁이냐며 원망했지요. 이제 아들을 볼 수 없다는 애절한 마 음이 오죽이나 했을까요? 돈 없고 백이 없어 아들이 죽었다고, 한 평생 아들의 넋을 가슴에 묻고 살았을 테지요. 애달픈 일이 아닐 수 없습니다. 그때가 되면 하염없이 흐르는, 한 맺힌 피눈물로 살 았을 테지요.

'부모는 죽으면 땅에 묻고 자식은 죽으면 가슴에 묻는다'라는 말이 있지요. 평생 아들을 가슴에 품고 살았지요. 그들은 한 민족, 한 형제끼리 전쟁을 원치 않았을 것입니다. 두고두고 민족상쟁의 가슴 아픈 이야기이지요. 돈도 없고 백도 없는 민초들의 슬픈 이야기이지요.

오늘날에도 힘 있고 돈 많은 사람들은 국방의 의무조차 다하지 않은 채, 나랏일을 하겠답시고 큰소리치는 몰염치한 모습이 안타까울 따름이지요. 핑계 없는 무덤은 없다고들 말하지만, 물론 피치 못할 사정이 있을 수도 있었겠지만, 사정이야 어찌 되었든 나랏일을 하겠다고 나서는 관료나 위정자들은 적어도 국민의 4대 의무 국방의 의무, 납세의 의무, 근로의 의무, 교육의 의무를 다하여야 하지 않을까요? 특히 국방의 의무를? 어찌 보면 기본의 기본이라고 말할 수 있는 국민의 4대 의무를 다하지 않은 채 넉살 좋게 표를 구하고 국민의 권리만을 주장하기엔 설득력이 떨어지는 것은 아닐는지요. 국민의 의무를 다할 때 국민으로부터 신뢰를 받고 나라도 잘 다스릴 수 있지 않을까요? 가슴 깊이 생각하게 됩니다.

나라의 지도자

들통날 짓은 하지를 마라
국방의 의무를 다하지 않는다는 것은
졸렬하기 그지없는 후안무치

흠 중에 흠, 가장 큰 흠이다

주권자들아
기준도 없고 자존심도, 지조도
무어람?

아무리 돈이 뒷배가 되고
권력이 뒷배가 되는 세상이라지만
적어도 하늘을, 사람은 알아보자
자나 깨나 마르고 닳도록 기억하시길
하직하는 그날까지
시시때때로

190701

개도 제 주인은 알아본다

말 한마디 잘못하면 쥐도 새도 모르게 잡혀가는, 기억조차 지우고픈 몹쓸 한 시대가 있었지요. 이른바 이름하여 서슬 퍼런 군부 독재, 공안정치 시대, 젊은 세대, 고루한 인간들은 알려나 모르지만, 나이 지긋하고 나라를 걱정하며 말 주먹이나 하던 분들은 명약관화하게 다 아는 사실이지요.

그때 그 시대! 어쩌다 바른 소리, 쓴소리를 하면 블랙리스트로 못이 박히고, 괜한 손가락질에 불평불만 분자로 수배라도 당하면 갑자기 행방불명이 되었지요. 며칠 안 보이면 쥐도 새도 모르게 잡혀간 것이지요. 갖은 고문에 코피가 터지고 눈이 풀리도록, 머리서부터 발끝까지 인정사정없이 흠씬 몰매를 맞고 왔다는 이야기이지요. 모험 아닌 모험 같은 일을 겪어야만 했지요. 일장춘몽이기를 바라며 족쇄에 풀려났지요. 두 번 다시 말하고 싶지 않은 이야기이지요.

캄캄하고 음습한, 흡혈귀들이 득실거리는 지하방에 육십 촉 백열등을 켜고, 천정에 사지를 매달았고, 밤낮 꼬박 잠을 재우지 않

앞으며, 고춧가루 물로 코에다, 입에다, 온몸에 세례를 주었으니 생각만 해도 끔찍한 일이지요. 얼마나 심하게 다루었으면 바지에 똥오줌을 지렸다는 후일담이 무슨 거사를 치른 용맹한 장수처럼 회자되곤 했지요. 오죽하면 그 소굴에 갔다가 나오면 쉬쉬 조심조심하며 벙어리가 아닌 벙어리가 되었을까요?

그렇기에 말 섞을 만한, 흉금을 털어놓을 수 있는 사람들끼리도 못내 쉬쉬하였지요. 이것저것 함부로 말을 못 하니 돌다리도 두드려 보고 건너라는 말이 있듯이 경계 또 경계하며, 경계의 눈빛을 풀지 못했지요. 그래도 제 버릇 개 주지 못하고 이리저리 사발통문 돌리듯이 돌리고, 조심조심하며 독재 타도를 외치며 말을 섞었지요.

심심산골 숙기 없고 얌전하기만 했던 죽마고우, 초등학교 친구들이 명절이면 고향 부모 형제들을 찾아왔지요. 명절 끝에 타관객지 타관살이 고되고 슬프다며, 이 친구 저 친구 슬슬 마실 도리를 하며 육간대청 사랑방에 모여들 들었지요. 낯설고 기죽어 살던 타관살이 이야기를 깨알같이 쏟아내듯 늘어놓았지요. 점점 쉬쉬하던 정치 얘기를 하나둘 쏟아냈지요. 급기야 이러쿵저러쿵 옳거니 그렇거니, 옥신각신 불이야! 불이야! 독재 타도에 불을 붙였지요.

한 친구가 말하기를 요즘 대학생들이 하라는 공부는 안 하고 할 일 없이 정부에 반기를 들고, 머리가 터지도록 죽어라 데모를 하는데, 한국 사람은 순라군 육각방망이로 미친개 패듯이 맞아야 하고 맞아야 정신 차린다고, 게거품을 물고 생각이 있는지 없는지 궤변을 마구 늘어놓았습니다. 듣다 듣다 못한 한 친구 왈, "친구! 이 나라의 주인이 누구인가?"라고 묻자, 일말의 망설임도 주저함도 없이 힘주어 자신 있게 "대통령이 주인이지." 그 친구 대통령이 주인이라고 하지요. 또 다른 친구 왈, "그 말도 한역 일리는 있어. 대통령이 저 멋대로, 제 마음대로 하니 그럴 법도 하지." 사랑방이 들썩하도록 파안대소, 배꼽을 잡고 한바탕 웃었지요. 그리고 어이없다는 듯이 잠시 정적이 흘렀지요. 그리곤 이내 둘러앉아 머쓱해진 친구들을 보다 보다 못해 한 친구 일장 연설에 나섰지요. "주권 재민이라 국가의 권력은 국민에게 있고 국민으로부터 나온다."라며, 다만 국가라는 권력 기관에 권력을 잠시 위임했을 뿐이라고, 고로 나라의 주인은 국민이라고 열을 올렸지요.

나라의 주인인 국민을 무서워할 줄 알게 본때를 보여 주어야 한다며, 선거 똑바로 하라고 핏대를 세웠다. 선거는 주인 행세를 제대로 할 수 있는 절호의 기회라고 힘주어 말하며 "지게는 없어지지만, 또다시 지게질로 등가죽이 벗어지도록 일하고 못 먹고 못 살아, 허덕여 보아야 정신 차릴 것인가?", "독선과 아집으로 점철된 막무가내로 국민의 고혈을 쥐어짜는 못된 지도자가 나와서 핍박을 더 받아 보아야만 정신 차릴 거야?"라고 한숨을 지었지요. 또한 "집에 기르는 개도 제 주인은 알아본다."라며, "집주인도 못 알아보는 개만도 못한 지도자를 만나야 정신 차릴 것인가?"라며, 미친 개소리는 몽둥이가 약이라고 열렬히 소리를 높이니 조용히 앉아 듣고 있던 친구들이 "옳소! 옳소!" 소리를 치며 힘껏 박수를 쳤지요.

말 한번 잘못 끄집어 냈던 친구는 한 친구로부터 혼쭐이 나고 무참해졌습니다. 잠시 침묵이 흐르고 한동안 멍하니 쭈뼛쭈뼛거리는 친구들을 향하여 "국민이 나라의 주인인데, 국민 개개인 자기 자신이 나라의 주인임을 모른다."며 탄식, 또 탄식 아연실색에 서로의 얼굴을 바라보다 이래저래 그저 그렇게 한바탕 웃었지요.

울화통

뿔난 망아지 나라를 운운
왠지 서글픈 마음에 화풀이로
죄 없는 술독을 비우자며 주거니 받거니,
뒤죽박죽 헝클어진 밤은 점점 깊어만 가고
국민의식 수준이 깜깜한 그믐밤처럼
대명천지에 아직도 깜깜하니,
아뿔싸! 이를 어찌하리
욱, 욱 한탄 한탄으로 밤을 지새우고
새벽닭이 울 때서야 일어섰다

저 멀리 먼동이 트고
개도 제 주인은 알아본다는데,
입이 있으되 말을 못 하고 웃지도 울지도 못할
한 시대의 아픔을, 오욕을 뒤집어쓰고,
또 하나의 봇짐을 짊어진 듯
천근만근 힘겨운 추를 달고,

메어지는 답답한 가슴가슴으로
각자 제 갈 길로 길을 떠났다

그날 우리들은 다짐을 했습니다. 평소에 어떤 사람들이 일을 잘하는지 하나하나 면밀히 살피고 잘 봐 두었다가, 때가 되면 무를 잘라 내듯이 못된 환부를 가차 없이 자르는 용기로 살아가자고 맹세를 했지요. 그랬던 우리들이지만, 세월이 지난 지금도 여전히 나라의 주인이 누구인지 갈피를 못 잡는 어리석음에 허덕이고 있지요. 불과 반세기도 지나지 않은 세월이건만, 앞다투어 다짐을 했건만, 말짱 도루묵이지요? 어물전 망신은 꼴뚜기가 시킨다고, 참으로 서글픈 일이지요.

그때 그 친구들, 지금은 어디서 무얼 하는지 왕래조차도 끊어진 지 오래되었습니다. 하늘을 찌를 듯이 그때 그 맹세는 어디로 가고 무엇을 하는지, 적잖은 세월이 흘렀어도 그 시대나 이 시대나 주인 모르기는 매일반이지요. 지도자의 중함을 망각한 채로 살아가고들 있지요? 선거가 만사입니다.

분명한 것은 국민 무서운 줄, 아니, 주인 무서운 줄 본때를 보여 주어야 하지요. 다시는 세계만방에 나라의 주인을 욕보이지 않고 나라 망신을 시키지 않도록, 두 눈 부릅뜨고 지켜보자! 그리고 표로 심판하자! 국민이 나라의 주인임을 오롯이 보여 주어야 하지요. 미련 없이.

그때 그 시절의 아픔들, 씹고 씹어 곱씹고 또 씹어서 삼켜 버리고 편안한 마음으로 돌아가려 하지만, 꿈틀꿈틀 용트림 치며 올라오지요. 심연에서 왜 자꾸만 생각이 나는 걸까요? 개도 제 주인은 알아본다는데, 위정자들은 아는지 모르는지 도무지 모를 일이지요? 주인인 국민의 눈치는 아랑곳하지 않지요? 무슨 배짱으로 국민을 조롱하기라도? 그때 그 기억들, 그 추억들이 아련하지요.

아서라! 말을 말자!

꾸역꾸역 쓰린 가슴 안고 금수강산에 눈물 뿌린다.
개도 제 주인은 알아본다.
국가는?
국민은?

나아지리라는 소망으로

아니, 이럴 수가 있나요? 낭패가 아닐 수 없습니다. 정치, 사회, 종교 등등 어느 것 하나 시원하게 시원함이 일도 없으니 무얼 보고 어떻게 살아가기에 이렇게 요란하게 만들었단 말인가요?

주권자들이여

생각 좀 하고 살자
질긴 인연 탈탈 털고
앞집 옆집 골고루 살피며 살아가자
지역, 지역 나라며 민족이며

한 치 앞도 모르는
근시안적 사고를 버리고 밝히 알아
가련한 인생들이여

생각 좀 하고 살자

아니, 이럴 수가 있나요? 코 밑에서 턱 밑까지 몰려온 열강들이 경제로 군사로 오만 것들 하나하나 호시탐탐 노리는데, 이 와중에도 국정을 챙긴다는 이들이 현안은 외면한 채 해외를 밥 먹듯이 들락날락, 나 몰라라 등한시하니 자폭하는 꼴이지요. 갈수록 태산이라더니 볼 장 사나운 작태를 보이고들 있지요? 언제까지 이런 모습으로 사라갈 것인가요? 일할 것인가요, 말 것인가요?

이 패, 저 패 장작 쪼개듯이 쪼개고 쪼개지고, 무슨 패, 패, 패들이 그리도 많고 많은지요? 내 편으로, 내 편으로 서로서로 오라고 끌어들여 하는 일 없이 못된 일에 규합을 도모하지요. 이 소리, 저 소리, 잡소리, 큰 소리에 귀청이 나가도록 고함을 지르지요? 제 소리만 제 소리라고 할 말, 안 할 말, 밑도 끝도 없이 들어 보라고 게거품을 무는 것인가요? 들어 보았던들 시원한 구석이 어디 눈곱만치도 없지요.

어찌하다 이렇게도, 아서라! 정치도, 사회도, 종교도, 서로 물어뜯고 있지요? 질긴 말가죽 뜯듯이 말입니다. 죽은 애 부랄 만지듯이 만졌던들 무슨 소용이 있으리오. 그래도 소망을 갖자! 내일이 어떠할는지, 모래가 어떠할는지? 오늘보다는 내일이, 내일보다는 모래가 나아지도록, 한 발 한 발 힘차게 나아가자! 나아지리라는 소망을 갖고.

답답이

오 하늘이시여
사람이 어찌 자기의 길을 알 수 있으리오
자기의 생명을
아둔하기 짝이 없는
졸보 졸보들

그냥 내버려 두소
지지고 볶든 말든 살든 죽든
오늘이 어떨지 내일이 어떨지
하늘에 맡기고

귀 막고, 눈 가리고, 몸 낮추고,
조용조용히 맹꽁이로
할 말은 하자
그래도

나아지리라는
소망으로

191003

대명천지에 이럴 수가

　대명천지, 밝고 밝은 백주 대낮에 이럴 수가 있을까요? 그저 공산화니 우경화니 유유상종, 끼리끼리, 도 아니면 개라고, 한 치의 양보도 없지요. 무릎을 꼿꼿이 세우며 대립각을 세우지요. 언제 뽑아 주었더냐? 언제 수고하였더냐? 나는 모르겠다고 오리발로 일관하는 작태들이지요. 국민이 뽑아 주었던 수고와 바람, 나랏일을 헌 고무신짝처럼, 대의 정치를 팽개치고 자신의 영달과 협잡꾼 소인배들의 이권에 매달려 국민은 안중에도 없습니다. 대관절 무슨 일을 하자는 건가요? 무얼 하자는 작자들인가요? 무슨 얼어 죽을 자존심에 목숨 걸었는지? 쓸개 빠진 넋 나간 자들이 도처에 비일비재하지요? 일명 내가 내라고 큰소리치는 붙박이장 터줏대감들, 나랏일 하는 지도자들, 시정잡배, 모리배 같은 작자들이 아닌가요?

　툭하면 빨갱이들이 준동한다고 안보가 위태하다고, 총도 쏘아보지 않은 작자들이 국방의 의무도 다하지 않은 작자들이 약자들을 꼬드겨 총알받이 일선으로 표를 생산하는 일군으로 앞세우고,

우시장에 개 따라가듯이 정신들 차려라! 광장몰이가 웬 말인가?
옥신각신 죽을 둥 살 둥 피 튀기는 아귀다툼으로 점철하다니, 그
렇게도 소란을 피워야만 하겠다는 것인가요? 무식하면 용감하다
더니 무식이 통통 튀도록 요란한 깡통 소리가 금수강산에 울려 퍼
지지요? 그것도 정치 지도자, 종교 지도자들이라고 개폼을 잡고
게거품을 물고 오두방정, 아연실색이지요.

누가 공산화를, 누가 우경화를 바라겠는가? 서민들은 먹고살아
가기에도 급급하고 팍팍한 살림살이에 고통을 호소하는데, 무얼
하자는 짓들인가? 그 누가 그렇게 되라고, 그렇게 하라고 두 손 놓
고 보고만 있을 것이란 말인가? 승산 없는 소모전에 편승하여 목
숨 걸고 뛰어들지 말자! 어리석은 불나방들처럼.

민초들아! 이것만은

모두 공멸하자는 것인가
대명천지에 어찌하여 정신 줄을
근본 없는 지도자라는 못된 것들의 손아귀에
예예 흥흥 놀아나는
줏대도 없는

때는 바야흐로 대동아공영이라는 미명 아래
아시아를 꿀꺽 삼키려던 일본의 찬탈을

일본은 호시탐탐 간을 보고 호시탐탐 넘보며,
군국주의로 역사 왜곡 다시 한 발 한 발 일어서는데,
역사를 잃어버리면 미래가 없다는 것을
왜, 왜

한민족 한겨레, 한 형제자매
대동단결 하나 되어 마수의 손, 외세를
국헌수호 국헌통일 민족통일을
자자손손 만대에
세세무궁토록

하나님이 허락하신
금수강산 이 강토 이 산하에
얼기설기 부귀영화 삼천갑자 만세수를
자자손손 세세토록

하나님이 보우하사
낙락장송 푸른 솔처럼
굳게 살아가세나
우리 모두

갈아 보세, 때는 이때지요

정치인과 기저귀는 자주 갈아 주는 것이 좋다고 말들 하지요?
자주 갈아 주고 갈아 줄수록 신선하고 보송보송하고 개운하다고
하지요? 주인인 국민에게 굽실굽실, 임무가 끝날 때까지 머리를 조
아리도록 만들어 보자! 선거는 일 잘하고, 그것을 가능케 하는 요
술방망이와도 같습니다.

표로 심판을

이리 시끄러워서야
오천만 주권자들의 눈이 무섭지도
보자 보자 하니, 졸로 보이나 보다
저 모양새들 좀 보라
매를 벌고 있다
딱 상이다

미친개에게는
몽둥이가 최고라고 그 누가
소중한 표로 심판을
흠씬 두들겨 맞아 정신을 차리도록
표로 혼쭐이 나도록
사표가 없도록
힘껏

이제나 제제나 혹시나 하여 일 좀 하려나 기다려 보았지만, 오늘
도 일 못 하게 바짓단을 붙잡고 늘어졌다나, 어쨌다나? 민생은 온
데간데없고 모리배들처럼 당파 싸움, 패권 다툼에만 열을 올리니
눈꼴이 시리지요. 나라의 존폐는 안중에도 없고 개인의 영달만 고
집하다니? 주인 무서운 줄 알게 해야 할 텐데? 모른다면 두말할 것
없이 몰아내야 하지 않을까요? 각자도생이라더니 뭉치면 흩어지는
콩가루 집안이 따로 없지요. 단결하여 본때를.

주인으로 거듭나기

넘보지 못하는
주인으로 우뚝 서려면,
주인 노릇 제대로 하는 유일한 길은,

팔영산 야인 정치사회 고군분투기

평소에 일거수일투족 행동거지
말로만 팔도풍월 언행 불일치 잘 살펴보았다가
일하는지 안 하는지, 생각 없이 놀아나는 고로한 이들
말도 말 같지 않은 악다구니
불통으로 상식 없이 우기는 이들
인정사정 볼 것 없이 가차 없이
표로 심판을

선출직들 머리에서 발끝까지
모조리 물매작대기로 인정사정없이
머리부터 발끝까지
개똥나무 방망이로 시원하게 매타작을
때는 이때라고 흠씬 아작아작 소리가 나도록
나라의 주인으로서 거침없이
따끔한 본때를

주인 행세 제대로 할 멋진 계절이 점점 다가오니 때는 이때입니다. 두 눈 똑바로 부릅뜨고 평소에 잘 살펴본, 있는 그대로 심판을 해야지요. 눈 질끈 감고 가차 없이 붓 뚜껑에 힘을 주어 몽니에 고집불통 행패나 부리는 파렴치, 몰염치, 엉덩이에 뿔난 이들, 모두 몰아내야지요. 주인 심정을 잘 헤아리는, 말에나 일에나 그런 자들을 뽑아야 하지요.

이번만큼은 주인 무서운 줄 확실히 깨닫도록 따끔하게 보여 주자! 주인 얕잡아 보는 이들이 없도록, 한 사람 한 사람 일심으로 똘똘 뭉쳐서 애걸복걸 눈물 콧물 흘리도록, 때는 이때 투표이니 속 시원히 갈아 보자!

갈아 보세

지화자자 어절시구
살맛 나는 우리나라!
첫걸음부터 바로바로,
첫술에 배부르지는 않겠지만

선거, 선거
강산이 열두 번도 바뀌었지

어절시구나 좋을시고, 금수강산 좋을시고
대한민국 만만세 만세, 만세 만만세
신명 나게 살아보세
만국이 보란 듯이
태평성대 이루자

어떤 무임승차

눈치 코치 없는 싸구려 인간들, 할 짓 못 할 짓 다 하고 기적 소리에 후다닥 몰염치한 도적승차 객차에 오르지요. 정당한 대가를 지불하지 않고 염치없는 자들이 항간에 부지기수로 있다고들 하지요? 이름하여 무임승차이지요. 정당한 노력의 대가 없이 새치기, 무시험, 성적 조작, 학력 위조 등으로 나라에 녹을 먹겠다고 덤벼드는 자들이 있다고 하지요.

돈으로 뒷배로 무임승차를 하겠다고 설친다고 하지요. 나라가 위급할 때 심지어는 병역의 의무도 저버리는 개만 못한 작자들, 두 말할 나위 없이 야멸차게 심판해야 하지요. 똑똑히 보았다가 발본색원, 가차 없이 표로써 심판해야 하지요.

무임승차

한 나라가 존립하는 한,

가장 근간이 되는 국민의 4대 의무가 있다
국방의 의무, 납세의 의무, 근로의 의무, 교육의 의무
의무 중에 의무
국방의 의무

혹자는 얼렁뚱땅
신성한 국방의 의무를 납세의 의무를 다하지 않아
벼슬길로, 입신양명 출세의 길에서 낙방을
간혹 볼 수가 있다는데
귀신들은 무얼 하나

옛 어르신들이
나랏돈 떼어먹고는 못 사는 법이라고
예수님이 말씀하시기를 가이샤의 것은 가이샤에게
하나님의 것은 하나님께 바치라고
허투루 생각하지 마시길

국민의 4대 의무
다하지 아니한다는 것은, 공동체의 일원으로서
사람 냄새가 안 나는 공공의 적
힘들여 쌓아 올린 산업혁명 선진 국가
무노동 무일푼으로 편승으로
무임승차 아닐는지

손 안 대고 코 푸는

좋은 차에 좋은 집에 번쩍번쩍 윤이 나도록
여기저기 꼭꼭 감춘다고 감추어지나
숨긴다고 숨기어지나
하늘이 알고 땅이 알고
만천하에 드러나는 것을

내가 내라는 사람들아
무임승차, 자수하여 광명 찾자
이제라도

며칠 전 뉴스에서 가진 자들이 세금을 체납하고, 신성한 국민의 의무를 다하지 아니하는 체납자들의 백태를 보았지요. 사업의 부도로 말미암아 없는 자들은 어쩔 수 없는지는 모르겠지만, 국민의 4대 의무는 신성한 것으로, 특히 국방의 의무는 국민의 생명을 보호하는 중차대한 일이지요. 나라의 존폐가 달려 있지요. 가장 값진 신성한 국민의 의무이지요. 국민의 4대 의무를 다하지 아니하고, 무임승차를 꾀하려는 불순한 자들이 주변에 있지는 않은지 살펴볼 일이지요.

세금을 낼 수 있다는 것은 혼자만의 힘으로 된 것이 아니라 그 공동체 안에서 수많은 사람들, 소비자들의 도움이 있었다는 주지의 사실로 장사를 하든, 기업을 하든, 각각 각자의 분야에서 매사에 완벽할 수는 없지만 생각해 볼 일입니다. 우리는 법 앞에 어느 것 하나 마냥 자유로울 수만은 없지요.

삶에서나, 죽음에서나.

191208

약체 새우들아

무모한 한세월이 시위를 떠난 화살처럼 신속히 지나가네요. 자랑할 것도 내세울 것도 아무것도 없는 무산자! 딸랑 무일푼, 빈털터리 인생들일지라도 계절이 바뀌고 세월이 가는 것은 무산자나 유산자나 다를 바가 없지요. 이나저나 세월 앞에는 속절없이 무너지니, 유산자인들 무슨 뾰족한 수라도 있다는 말인가요? 인생사 돈이 최고라지만 돈도 힘없이 무너질 날이 있지요. 죽음이 기다리고 있을 테니까요. 이를 어찌하랴? 세월 앞에 맞설 장사는, 어느 누구도.

집채만한 슈퍼 고래에게는 쥐 씨알 같은 약체 새우가 아무것도, 아주 보잘것없는 먹잇감에 불과하지요. 세상은 슈퍼고래에게만 관심을 갖고 요리조리 유심히 주목하지요. 나약한 약체 새우에게는 눈길조차 관심조차 없으니 서러워서 이 어찌 살아가야 하나요?

슈퍼 고래에게 기죽지 말고 들러리로 줄 서지 마라! 저들은 부귀영화, 입신양명에만 관심이 있고, 국민은 아랑곳하지 않는 자들이지요? 나랏일에 열심히 일한다면 모르겠지만 이 패, 저 패 나누어 패거리로 돌아치는 저들의 말장난에 놀아나지 말아요. 놀아나면 그길로 바로 죽음이지요.

일하는 척, 척, 척에 놀아나지 마라! 약체 새우 국민은 입도 쩍 못 하고 평생을 허우적거리며 살아간다? 좋은 꼴 못 보니 힘 두었다 무얼 하는가? 대동단결 표로써 쓴맛을 보여 주자! 약체 새우인 것이 다행입니다. 한역 없는 것도 복입니다. 하다못해 부산한 척이라도 할 수 있으니까.

국민이 나라의 주인입니다. 못된 슈퍼 고래들을 표로써 다스리자! 저들의 얄팍함을 표로써 다스리자! 정의의 칼날 표로써, 약체 새우들아!

약체 새우들아

슈퍼 고래들 싸움에 용기백배,
실없는 일에 괜히 끼어들지 마라
슈퍼 고래 싸움질에 약체 새우 등 터질라
아서라 다칠세라 놀아나질 마라
항상 현명한 판단을
살아남자
기필코

상처받고 다치면 약체 새우만
아무도 누구 하나 거들떠보지 않을 테니

억울하고 속 쓰리다고, 서글플 뿐이다
하소연한들
결국은 혼자다

슈퍼 고래의 조력자가 되지 마라
약체 새우끼리 싸우지 마라
찢기고 피멍이 들도록 했던들
다만 놈들에게 먹힐 뿐이다

약체 새우들아
한 표 한 표가 큰 물줄기를
정신 줄을

아서라! 말을 말자! 먼저 가신 어르신들 말씀이 싸운다고 어디 콩이 나오나? 팥이 나오나? 괜한 일에 힘쓰지 말랍니다. 자조 섞인 이 말씀이 오늘따라 생각나는 것은 왜일까요? 그래도 선거만은 확실하게 해야지요.

그나저나 살 만한 것은 따뜻하게 돕는 자가 있으니 은혜로다. 하나님이 우주 만물을 살피시고, 그들에게 뜨거운 마음을 주사 도울 자를 허락하시니 없다고 낙심 말고, 있다고 자랑 말고, 초지일관 심지를 올곧게 하자! 마음을 가다듬고 때를 기다리자! 용기백배 일심으로 살아가자!

명심하세! 자나 깨나!

너나 나나.

191227

피 터지는 싸움 뒤엔

산양 두 마리가 피 터지게 싸움을 합니다. 도무지 누구 하나 물러설 기미가 없지요. 안하무인 눈에 보이는 것이 없는지 사생결단, 죽기 살기로 싸움질을 하네요. 보는 이들, 안절부절 좌불안석이지요. 누구 하나 선뜻 나서질 못하고 지켜볼 뿐이지요. 결국 물러섬이 없이 지칠 대로 지치자 다른 산양 한 마리가 기회를 틈타 공격을 하지요. 지칠 대로 지친 산양은 속수무책 당하다 목숨을 부지한답시고 꽁지가 빠져라 삼십육계 줄행랑 도망을 치지요.

죽 쑤어 개 준다는 말이 있지요. 이를 두고 하는 말이 아닐까요? 죽기 살기로 실컷 싸우고 났더니 은근슬쩍 웬 놈이 날선 바람돌이처럼 자리는 다른 산양들이 차지를 했으니 기가 찰 노릇이지요. 싸우지 마라! 이짝 날라?

이씨 조선이 당파 싸움에 망했다고 하지 않는가요? 뿐인가요? 구한말에는 어떠했나요? 시아비와 며느리 집안싸움에 외세를 끌어들여 결국은 이민족에게 갖은 고난을 당했고 아직도 그 여파가, 눈물이 산을 이루고 내를 이루지요. 천신만고 끝에 힘없는 양민들,

독립을 외치던 선열들의 희생 위에 나라가 섰지만, 정신 못 차린 위정자들 대를 이어 나라를 민족을 팔아먹을 기세이지요.

국민이 맡긴 국가, 나라 형국이야 어찌 되었건 내 알 바 아니라는 무도함, 그런 것 같아 끝내 씁쓸하지요. 국민을 위한답시고 저들의 배 채우기에 여념이 없는 난장판이 되어서야 되나요? 난장판이 따로 없지요. 피 터지는 싸움 뒤엔 기대할 것이 없지요. 너 죽고 나 죽는 일밖에.

요즈음 뉴스를 보다가 동물의 왕국 한 장면이 떠오르지요? 동물들의 서열 다툼이 투영되어 오버랩 되네요. 그렇게 피 터지게 싸워야만 할까요? 그러고도 평화니 통일이니, 사람도 그러할 진데 하물며 짐승들이? 못내 씁쓸하지요.

제발 좀 싸우지 말자!
나라를, 민족을 생각한다면 그리할 수 없다.
남북통일, 민족통일,
그날까지.

지도자가 중하다

세상에서 가장 큰 자산은 사람이지요. 사람이 자산이지요. 한 해를 보내는 이 마당에도 치고받고 야단법석, 난리 통이지요. 길길이 끝도 한도 없이 날뛰니 어이하면 좋단 말인가요? 보는 국민 식음 전폐, 곡기를 끊고 다들 돌아들 가시겠네요. 언제까지 지지고 볶고 혼란스럽게 할 작정인가요? 황천길 갈 때까지 하려고요? 눈꼴이 세서 어디 살겠어요. 코가 벌름벌름 입이 스멀스멀, 내뱉고 싶지만 점잖게 참아야 하지요? 지고지순, 거룩한 척.

하지만 한 해를 마무리하며 즐거워야 할 이 판국에, 어디 그렇게도 눈꼴이 사나워서야 어찌한단 말인가요? 서로서로 사이좋게 살수는 없는가요? 보는 민생들 불안, 불안, 불안하네요. 제발 조용조용히 보내자고요, 연말연시를. 숨 좀 쉬고 살자고요. 이젠 이만저만 그만두자고요. 구만리 같은 젊은이들 보고 배울라 노심초사 조마조마하네요.

만물의 영장은 사람이지요. 사람 구실을 못하면 금수만 못하다고, 짐승이라고 말들 하지요. 똥오줌 못 가리고 막돼먹은 것이 짐

49

승들이 아닌가요? 어미, 애비도, 이웃도, 국민의 심정도 모르는 불한당 같은 사람들 같으니라고. 짐승이 아니고서야 무엇이란 말인가요? 그 사람이나 그 사람이나 똑같다는 생각을 아예 버려야지요. 누가 지도자가 되고, 지도자로서 어떤 일을 하느냐에 따라 다르지요. 상당히 다르지요. 천양지차지요. 하늘과 땅 차이지요. 나라의 존망이, 생사가 지도자에게 달려 있지요. 근본은 천지만물을 지으신 여호와께 있다고들 하지요.

갈 때가 다 된 늙은이들, 주섬주섬 바리바리 싸 가지고 천국 가려고요? 꿈을 깨세요, 꿈을. 부자가 천국 가는 것 보다 약대가 바늘구멍 통과하는 것이 쉽다 하네요. 토끼 눈처럼 발갛게 몽땅 챙기기에 급급한 그런 작자들, 이젠 신물이 나지요. 제발 좀 그렇지 않은 사람들을 뽑아 보자 고요. 요소요소에 세워 보자고요. 하늘 아래 사람이 하는 일이지요. 앞집 똥개, 뒷집 발발이가 하는 것은 아니잖아요?

어찌하랴? 난감 그 자체이지요. 개돼지보다 못한 이들은 표로써 심판하고, 소추, 탄핵도 시키고, 다음에는 극구 사양해야지요. 눈길조차 주지 말자고요. 대의를 위하여 분연히 일어서야 하지요.

그 사람이나, 그 사람이나

툭하면
그 사람이나, 그 사람이나 똑같단다

웬 말이더냐
권모술수에 넘어가지 마라
가련타

좀 그렇지 않은 사람에게 표를
진실된 사람
대찬 사람

지도자를 잘 세우자

심지어는
불손한 앞잡이도 잘 세워야
팔도를 다녀 봐도
마을은 물론이고, 지역도
하물며 나랏일도, 심지어는 종교도
작은 계모임도 마찬가지

지도자가 누구냐에 따라
마을이, 지역이, 나라가, 심지어는 종교가
더 나아가 전 인류가 죽느냐 살아나느냐다
천양지차 하늘과 땅 차이
지도자가 중하다
동서고금을 막론하고

요즈음은 한양에서 어느 누군가가 방귀를 뀌면 저 변방 유배지에서도 누가 뀌었는지 다 압니다. 지구 반대편 타국에서도 일어난 사고 사건들이 숨김 없이 실시간으로 전하여지지요. 아니, 숨김없이 드러나고 세계가 낱낱이 다 알지요. 심지어는 도장방에서도 일어난 은밀하고 비밀스러운 남녀의 사랑도, 놀음놀이도 아는 세상이지요.

그런데 하물며 그들의 놀음놀이를 다 알고서야 어찌 섣불리 생각하고, 표를 주어 또다시 세우겠단 말인가요? 바쁜 연말연시에 왜 생각나는 걸까요? 좋은 지도자들을 잘 뽑아서 태평성대 이루자고요. 그리하면 대한민국 만만세이지요.

지도자를 잘 세우자!

그것이 태평성대의 첩경이다.

지도자가 중하다. 아무리 강조해도 지나침이 없다.

오롯이 새기기를,

마음 판에.

동물국회, 식물국회

동물국회, 식물국회를 아시나요? 순진한 농투성이, 평생 천직으로 알고 농사만 짓던 우리 친구가 동물국회, 식물국회가 무엇이냐고 아는지 모르는지 창피를 무릅쓰고 귓속말로 조용조용히 물어왔지요.

친구여! 미안하지만 나도 처음에는 동물국회가, 식물국회가 무엇을 말하는지 잘 몰랐다네, 동물국회가, 식물국회가 어쩌고저쩌고 하도 시끌시끌하다 보니 가만히 한동안 들어 보고 생각해 보았다네, "동물국회? 식물국회?" 글쎄. 번개처럼 지나가는 한 생각이 있었지? 번뜩, 이 말이 아니던가? 한번 들어 보게나! 친구여!

번뜩 뇌리를 스치며 떠올랐던 생각은, 동물국회는 동물들처럼 사생결단, 너 죽기 아니면 나 죽기로, 피 터지게 다투고 싸우는 것을 말하지? 심하게 말하면 동물이 먹이 활동을 하는 것처럼 약육강식, 먹고 먹히는 먹이 사슬에서 인정사정없이 피 튀기게 싸우는, 마치 맹수들과 같다네? 어찌 보면 지나치게 싸우다가 먹이를 앞에 두고도 먹지도 못하고 똥통에 빠진 새앙쥐와 같다고나 할까? 결국은 국민은 안중에도 없고, 나라 꼴이야 어찌 되었건 배가 산으로 가든지 말든지 너 죽고 나 죽자는, 급기야는 공멸하고 마는 꼴이지?

식물국회는 식물은 발이 없어 움직이지 못하니, 한자리에서 식물처럼 주는 것이나 받아먹는, 세비나 받아먹고 일하지 않으니? 일하지 않는 국회라는 말이겠지? 마치 이솝우화에 나오는 개미와 베짱이처럼, 땀 흘려 일하지 않는 베짱이와 같다고나 할까? 좋은 시절에 일하지 않고 밥만 축내는 베짱이처럼 말이야? 설마 놀고먹는 것이 최상이라고 생각하는 것은 아니겠지만? 결국은 국민은 안중에도 없고 나라 살림이나 축내는, 몹쓸 베짱이들이지? 너무 심했나?

선거 때만 되면 싸우지 않고 일 잘하겠다고 머리를 조아리고 굽신굽신거리다가도 당선만 되면 에헴 큰소리를 치고, 국민과의 약속은 헌신짝 버리듯 버리고, 손바닥 뒤집듯 한 입으로 두말을 하니 이부지자나 다름없지? 아버지가 둘이라 어느 집 자식인지? 어느 나라 국민인지? 국회인지? 알다가도 모를 지경이지? 심지어는 유익을 쫓아 간에 붙었다 쓸개에 붙었다, 이 당 저 당 왔다 갔다 철새나 다름없지? 즉, 지조가 물레방아지? 갈수록 점입가경, 가관이지?

친구, 이보게! 본때를 보여 주세! 첫째는 투표요, 둘째는 감시요, 셋째는 몽둥이로 국민소환제인데, 국민소환제가 없으니 몽둥이는 곧 법이 정한 탄핵이나 투표가 아니겠는가? 다시는 싸우고 나라 곳간을 축내지 못하게 선거로 가차 없이 심판하자는 말일세. 두말하면 잔소리지?

친구여! 이제는 지난 역사를 뒤돌아보세나. 한 번 속지 두 번 속겠는가? 역사를 살펴보면 일하지 않고 다투고 싸우다가 망하지 않았던가? 단재 신채호 선생님은 역사를 모르는 민족은 미래가 없다고 말했지? 지도자가 중하다네. 어떤 이는 화합과 평화를 어떤 이는 분열과 전쟁을 구가하지 아니하던가?

    요즈음 각 매체에서 정치, 사회, 경제, 국회에서 벌어지는 일들이 실시간으로 들여오지, 남도 땅끝까지 말이지. 눈을 감고 귀를 막고 입을 닫으려 해도 쉽사리 되질 않는군! 왜일까? 또 한마디 하게 되네? 동물국회, 식물국회, 정신들 차리고? 어쩔 수 없이 좀이 쑤셔서, 불끈불끈 솟아나는 핏대를, 이 울화통을 어찌하면 좋다는 말인가? 어찌하면?

먹지도 마라

친구여
제발 이번에는
국민들이여
이제라도 제발 깨어나라
제발 여의도여
제발 다음에는 일 좀 하시오

성경 말씀에 이런 말씀도
일하지 않는 사람은 먹지도 말라고
너무 심했나
아님

네 인생만 인생이더냐

망신살

네가 사는 인생만 값지고 값진 인생이더냐

남의 인생은 값싸고 값싼 인생, 인생도 아니더냐

남의 인생 무시하고 갑질하다 큰코 다칠라

조선팔도에 망신살이 뻗쳤다더라

명불허전 고관대작들이

꼴에 갑질하다

시원하게

없다고 괄시를 말아요. 부도나고 없어 보니 보이더라고요. 이리저리 유랑하며 볼 것, 못 볼 것 다녀 보니 보이더라고요. 그 못된 고약한 심보들 보이더라고요. 협잡꾼들 아무 놈이나 잡히면 어떻게든 좀 볼 수 있나 싶어서, 돈에 미친놈들 졸졸 꽁무니를 물고 맴맴

맴 주변을 맴돌다가 개털털이, 없는 줄 용케도 알고 득 볼 일 없다 싶으면 옆집 개 쳐다보듯 하더군요. 심지어는 상종도 안 하더라고요. 인생사 새옹지마 쥐구멍에도 볕들 날이 있다는데?

언제 그랬냐고요? 아니라고요? 오리발 내밀지 말고 곰곰이 생각들 해 보세요. 비수처럼 꽂히도록, 은연중에 그리들 하더라니까요? 피차 서로 헤아리자는 말이지요. 적어도 지극히 작은 자, 약자들끼리라도 멸시 문전박대, 갑질하지 말고, 우린 모두모두 하늘 아래 한 식구이지요. 산수는 수려하여 금수강산인데, 담긴 내용물인 인간은 그 모양 그 꼴, 어찌나 엉망인지. 혼자 마구마구 게걸스럽게 먹다가 체할까 조심들 하세요. 같이 나누어 먹어야지요. 너도 먹고 나도 먹고, 하늘에 계신 우리들의 조상들이 기뻐할 거예요. 춤을 추며 그 마음 높이 사서 마지막 때에 끌어안고 입을 맞추고, 격하게 대환영할 거예요. 천국에 잘 왔다고. 그나저나 있는 체라도 할라 손 치면 속이 불편하더라고요? 왠지 모르겠지만, 있는 체하고 부자인양 배포 있게 굴면 마냥 히죽히죽 엄금엄금 빈대처럼 살살 사타구니로 기어 들어와 한몫 챙기려는 얄팍한 속셈이 보이더군요. 뿐인가요? 찰거머리처럼 옆구리에 찰싹 갈붙어서 한 푼 얻겠다고 기웃기웃하더라고요? 속이 니글니글 매스꺼워 어디 보겠던가요? 부질없는 짓이지만, 다시 상상만 해도 그 모습들이 가히 가관이더라고요? 없다고 무시하고 능멸하고, 그리들 할 소야고요? 고약한 냄새를 풍기며 싸돌아 치지는 말아야 하지요? 똥파리가 친구하자고 들러붙으면 곤란하지요. 하늘이 내린 신선한 공기, 욕심으로 오염시키지 말아요. 후한이 두렵지 않나요? 그렇지는 안나요?

어떤 이들은 있을 때 잘하지, 있을 때 잘하라는 말들 하지만 도토리 키 재기, 너나 나나 공히 똑같더라고요? 내로남불, 똥 묻은 개 겨 묻은 개 나무란다고, 서로가 서로에게 잘하라고 악다구니를 치지요. 가만히 차근차근 되뇌이고 생각해 볼 일이지요. 도긴개긴 이지요. 곰곰이 씹고 또 씹고 이참에 곱씹어 보아야지요?

하늘에 달렸다

있다고 무시 마라
없다고 기죽지 마라
쥐구멍에도 볕 들 날 있다 아니하더냐
진인사 대천명, 인생사 살고 볼 판이라지만
살고 죽는 것은 하늘에 달렸다
하늘의 소관이다
거역할 수 없는

아뿔싸
이 세상 하직할 때
동아줄에 꽁꽁, 볼 만할 거다 똥개 같은
너나없이 저승길이 코앞인데
어이할 거나

높은 곳만 쳐다보지 말고, 낮은 곳도 살피며 손 내밀어 보아야 하지요? 예수님은 지극히 작은 자 하나에게 한 것이 곧 내게 한 것이라고, 하지 아니한 것이 곧 내게 하지 아니한 것이라고 하지 아니하던가요? 섬김을 받으러 온 것이 아니라 섬기러 왔다고 하지 아니하던가요? 존중했던, 무시했던, 대접했던, 문전박대했던, 시기, 질투, 욕심을 부렸던, 모든 것들 알고 보면 역천자, 하늘에 반기를 들고 팔뚝질한 짓이지요. 알든 모르든, 부지중에 죄가 크지요?

인과응보

되갚아 준다는
뿌린 대로 거둔다는 영원불변 진리 앞에
무릎을 꿇고 머리를 조아리며,
캄캄한 황천길에 두 손 두 발 싹싹 빌며
살려 달라고 애걸복걸 목 놓아 울며 매달렸던들
이글이글 지글지글 불타는 유황불에
오랏줄에 묶인 채로
끌려갈까 하노라

매듭을 지으면
풀어야 할 때가 반드시 있나니
왜, 왜, 왜 몰랐을까

탄식할 날이 곧 오리라

밝아 오는 미명에 줄달음으로

새벽같이

200123

졸보들의 대행진

옛날 옛적에 한 마을에 기고만장 고약한 냄새를 풀풀 풍기는 기똥찬 졸보들이 살았다. 정신 줄 놓은 졸보들은 낄낄거리며 낄 자리, 안 낄 자리, 넋 나간 팔푼이들처럼 오두방정에 갖은 욕심, 시기, 질투, 공사 분별 못 하고, 이것저것 분간을 못 하는, 언제나 요란한 졸보들이 있었지요?

그저 누군가가 나오라면 마치 자석에 이끌리듯이 무상무념, 아무 생각도 없이 졸졸 따라다니지요. 이리 쏠리고 저리 쏠리고, 쏠리고 쏠려 중심도 못 잡고 갈팡질팡하지요. 혹여 붉은 완장이라도 채워 주고, 깃발을 들려 주기라도 한다면 낭패로다, 낭패이지요. 안하무인, 기고만장, 하늘 높은 줄 모르고 더더욱 신이 나서 팔자에 없는 개팔자 걸음으로 거드름을 피우지요. 그뿐인가요? 어깨에 한껏 힘을 주고 뽕을 세우고 으스대며, 갖은 음해로 생사람 잡는 기도 안 차는 졸보들이 있지요?

마을을 벗어나 어디 멀리 원정이라도 나가면, 모르면 용감하다고 탱자탱자 깨춤을 추며 남의 정신에 놀아나지요. 위대한 일에 그들을 대변이라도 하는 것처럼 나팔수로 기고만장이지요. 이것저것 눈에 뵈는 게 없는지 막무가내로 돌변하는 졸보들이 제법 있었다 하지요?

그런가 하면 눈치코치도 없이 전설의 물귀신 작전으로, 점잖게 그저 가만히 있는 사람들을 진흙탕 싸움에 끌어들이고, 말도 안 되는 정체불명의 온갖 혼란스러운 거짓 정보, 거짓 문자에 현혹되어서 무슨 큰 사건이라도 되는 양 부풀려서 마구마구 뿌리고 쾌재를 부르는 졸보들이 있었지요? 하나같이 그랬지요.

못된 바이러스들

생명을 위협하는 무슨, 무슨 못된 바이러스들
하루하루 살아가기도 고된
이웃의 선량한 사람들을
닥치는 대로 꼬드겨다가 총알받이로
하다 하다 안 되면
멍청이 바보라며 상종도 않으려는
유유상종, 끼리끼리 날뛰는 졸보들

세월을 건너 대명천지, 이리도 밝고 밝은 세상에
아직도 케케묵은, 위험한 사고방식
식견도 없이 일하는 졸보들

왜들 이러나

점잖게 가만히 있으면 중간이라도 갈 텐데
이렇게 바라볼 수만은 없잖아요
졸보들의 행진 지켜보자구요
어디까지 갈지 보자구요
사월에는 반드시 철퇴를

좌로나 우로나 치우치지 말자
지나친 편향은 사고를 마비시킨다
좌든 우든

200315

고르고 골라내자

점점, 어김없이 시간이 다가오고 있지요? 또다시 한 대는 가고 새로운 한 대를 뽑는 그런, 다름 아닌 국가의 근간인 법을 만드는 사람들, 이들을 뽑는 시간이 점점 다가오고 있지요. 대의민주주의 위대한 탄생! 국민의 생사가 달려 있는 중대사, 투표 선거가 있지요. 아주아주 귀중한 일이 다가오고 있지요.

좋은 쌀에서 뉘를 고르듯이 국가와 국민들에게 뉘가 되는 자들을 골라내는 소중한 시간이 다가오고 있지요? 소추, 신성한 투표로 고르고 골라내어야 하지요? 국민의 뜻과는 아주 먼, 그런 타성에 젖어 그릇된 행사로 암울한 정치는 만들지 말아야 하지요? 진정 주권자인 국민의 뜻을 받들지 못하는 자들은 일찌감치 보기 좋게 골라내야 하지요? 절호의 기회가 다가오고 있어요. 언제나 그랬듯이, 초침은 죽도록 달려가고 있지요. 그날을 향해.

소추

이런 자들을

서민을 모르는 자, 주인을 모르는 자

자질이 부족한 자, 일을 하지 아니하는 자

민의를 왜곡하는 자, 공사 구별하지 못하는 자

억지 주장을 펼치는 자, 자기 이익에 몰두하는 자

뇌물 받기를 좋아하는 자, 국민은 안중에도 없는 자

약자를 헤아리지도 않는 자, 회의의 근간을 흔드는 자

민주의회를 마구 훼손하는 자, 선거법을 지키지 않는 자

말에 책임을 지지 않는 자, 일단 광장몰이 하고 보자는 자

빙글빙글 지조 없이 이 당 저 당 왔다 갔다 옮겨 다니는 자

섬기지도 않고 갑질하는 자, 진영 논리로 편을 가르는 자

지역 감정을 유발시키는 자, 대한민국을 분열시키는 자

공약을 잘 지키지 않는 자, 소신 없이 반대만 하는 자

국민 무서운 줄 모르는 자, 자신을 먼저 생각하는 자

권모술수에 이골이 난 자, 행정부의 발목만 잡는 자

민의를 대변하지 않는 자, 말에 책임지지 않는 자

가짜 뉴스 퍼트리는 자, 민생을 챙기지 않는 자

현혹하고 선동하는 자, 무조건 막말하는 자

법치를 부정하는 자, 국가에 반하는 자

국민의 4대 의무를 다하지 않은 자

국민을 부끄럽게 하는 자

국민에 반하는 자

 특히 국방의 의무, 납세의 의무, 근로의 의무, 교육의 의무, 국민의 4대 의무를 다하지 아니한 자는 골라내야 합니다. 이번에는 기필코, 하나하나 잘 살펴서 고르고 골라내야 하지요?

 국가와 민족, 국민을 위하여, 미안하지만,
 인정사정없이 기필코,
 반드시.

갈아 보자, 훼방꾼들을

누가 누구에게 침을 뱉고 돌을 던지겠소만, 우리들의 잘못도 매우 크지요. 주권 행사인 투표를 우습게 여기고 대수롭지 않게 여기는 심사에 아연실색할 따름이지요. 그저 아무 생각 없이 시루에 편승, 기생하는 자들을 간과해서는 안 되겠지요? 한 번의 잘못된 판단과 선택이 나라의 존망이 달려 있기 때문이지요. 국민의 생사가 달려 있기 때문이지요. 일차적인 책임은 우리 모두에게 있지요. 투표를 중히 여기지 못한다면, 생각 하나하나가 모이고 건전한 표 하나하나가 모여 일류 국가를 이루지요. 빗방울 하나하나가 모여 내를 이루고 강을 이루고 바다를 이루듯이 이렇게 주권 행사는 위대한 승리이자, 지상 최대의 쾌거라는 사실이지요. 민주주의는 표를 먹고 삽니다. 소중한 한 표, 한 표가 모여 대의민주주의를 이루지요.

화평을 위하여 오신이 예수님은 서기관들과 바리새인들이 간음한 한 여인을 끌고 오자, 너희 중에 죄 없는 자가 먼저 돌로 치라 하셨지요. 우린 조물주 앞에 자유로울 수 없는 못난 자들이지요?

이와 같이 떳떳할 수는 없지요. 그럼에도 불구하고 할 일은 해야지요. 면면을 잘못 판단하고, 아무 생각 없이 하는 투표는, 나라며 우리의 모든 것을 잃을 수도 있지요. 몸을 낮추고 심기일전, 갈아보자! 입법 활동과 국정에 발목을 잡는 못된 훼방꾼들을 갈아 보자! 속 시원히.

사랑하는 이들이여

종횡무진, 저 난무하는,
저수지 봇물처럼 쏟아지는
온갖 거짓, 거짓 것들, 거짓투성이들,
깨어 분별하여야 하겠지요, 무엇이 참이고 거짓인지를
때로는 눈꼴이 시어서 일할 힘도 용기도,
재미도, 밥맛도 없겠지만 어찌하리오
투표가 중한 것을

그저 그냥저냥, 건성건성 들었을 때는
무엇이 옳고 그릇된 것인지 분간조차
듣고 들어, 씹고 또 씹고 곱씹어, 세세히 듣고, 들어 보면
중구난방, 이런저런 말장난이 지나치다
똥개도 헛소리로 짖어 대지는
무언가 있기에

반드시 무언가는
하물며 사람일 소냐

말장난에 속지 마소

사랑하고, 사랑하는 이들이여
말장난에 속고 놀아나지 말아요
권모술수가 능수능란하여
눈 어둡고 귀 어두우면 현혹되기 쉬우니
누구의 말을 믿고 믿어야 할지, 갸우뚱할 때도 있겠지만
귀 기울여 듣고 듣고, 보고 보고 보면 볼수록 파안대소
헛웃음만 날 뿐이지요
좀처럼, 멈출 수가
찬찬히 살피심이

보자 보자 듣자 듣자 하니 국정의 동반자가 아니라, 우하면 좌하고 좌하면 우하는 청개구리, 몹쓸 훼방꾼들, 어느 공동체이든 어딜 가든지 훼방꾼들은 있게 마련이라지만, 저 아주 못된 훼방꾼들 어찌하면 좋을까? 투표로 날려 버리자!

훼방꾼들이여

이것만은 잊지 말아요
나라의 주인은 국민이요. 민심은 천심이라는 것을
하늘을 두려워하고 국민을 두려워해야 한다는 것을
공히 함께 더불어 살아가야 하는 둘도 없는 동반자로서
마음에 명심하고 또 명심하고, 마음 판에 새기고 또 새겨서
나랏일에 발목 잡는 훼방꾼들은 되지 말아야 하지요
여부가 암요

사랑하는 유권자들이여
다가오는 이번 기회에
저 아주 못된 훼방꾼들을 모조리 몰아내어야 하지요
쌀에서 뉘를 고르고 고르듯이
콩나물에 물을 갈아 주고 또 갈아 주듯이
주저하거나 망설임 없이 가차 없이
용기백배, 두려워하지 말고
우리 모두 일신우일신으로
인정사정 가차 없이 야멸차게

다짜고짜로
여지를 남기지 말고
일거에

개 눈에는 똥만 보인다

옛 말씀에 개 눈에는 똥만 보인다는 말이 있지요? 돈벌레 눈에는 돈만 보인다는 말이 있지요? 지체 높은 양반들은 만물의 영장인 사람은 아니 보이고 돈만 보이나 보네요? 무엇이 그리도 똥만 보이고 돈만 보이게 할까요? 돈이라면 양잿물도 먹는다지요? 돈이라면 덫에도 들어간다는 말도 있지요. 돈은 치사하고 더럽다는 말들도 하지요. 많이 가져서는 안 될 자들이 있기 때문은 아닐까요?

어찌 보면 은사 중에 귀한 은사이지요? 돈은 아무나 볼 수 없고, 누구나 벌 수는 없으니까? 현미경으로 샅샅이 뒤져 보면 보일는지는 몰라요? 정당하게 돈을 벌면 누가 무어라 말하겠어요. 많이 벌고 응당히 낼 것 낸다면, 누가 감히 이래라저래라 시비를. 정의와 상식, 상도덕에 벗어나지만 않는다면, 박수 칠 일이겠지요.

지체 높은 분들이, 점잖은 분들이 그 자리에만 가면 초심을 잃어버리고 돈만 쫓는 자들이 더러 있지요? 자신의 안위와 영달을 위하여 자자손손 세습에 혈안이 되어 있는 자들이 있다는 말이지요? 사람이기를 포기하고 죽기 살기로 돈과 명예만을 쫓지요? 투

71

명하고 정정당당하다면 누가 무어라 하겠어요? 그저 단순한 오만불손, 푸념, 불평불만이 아니라, 사람이 먼저 보이는 사회가 되기를 바라지요. 변하기를 바라는 작디작은 소망이지요. 어찌 보면 요원한 소망일지도 모를 일이지요. 꼭 그렇지만 않은, 그래도 세상은 아름답습니다. 돈보다 사람을 우선시하는 정직한 다수가 있으니까요?

개미지옥 개미귀신

능력 중에 최상의 능력은, 권력 재력이라고
권력이 있든지, 재력이 있든지
둘 중의 하나만은 필히 있어야 한다고
신줏단지
좌우명처럼

감투도 써 본 사람이, 돈도 써 본 사람이
고기도 먹어 본 사람이,
마치 늑대가 피 맛에 취하듯이
헤어나질 못하고, 감투, 감투, 돈, 돈, 돈 하다가
개미지옥에 빠져서 그만 쓴맛을
된통 당했다

권불십년 재불십년, 화무십일홍이라
허 천에 뜬구름 잡지 말라
잡았던들 천년만년 이고 지고 살 것인가
부질없음을
왜

없으면 어떤가
죽기 살기로 미련하게 마구잡이 뜬구름 잡듯
돈, 명예만 끊임없이 좇다가
철거덕
영어의 몸이

뛰어 봤자 벼룩이다, 자연 앞에
돈, 명예는 개미지옥 개미귀신이다
외양간 매인 소처럼
오늘도 맴맴
맴을

소통하라 그것이 살길이다

메디슨 카운티의 다리와 매우 흡사한, 아름답고 예쁘게 꾸며 놓은 한 스튜디오에서 죽고 못 살아 만났지요. 프란체스카와 로버트의 4일간의 풋사랑, 연인들과 같이 밀월 관계로 미소 지으며 만났다가도 독기 품은 승냥이들마냥 으르렁으르렁거리지요. 새파란 칼날처럼 콧날을 세운다. 지체 높은 아저씨들이.

우주에서 날아온 괴상망측한 외계인들과의 무참하고 경이로운 만남같이, 원수는 외나무다리에서 만난다고 하지요. 멋진 무대에서 양 진영 간에 금방이라도 사생결단 원수처럼 말 주먹을 주고받으며 양보 없는 우격다짐, 난투극, 잽을 훅훅 날리며, 주거니 받거니 티격태격, 오케이 목장의 결투같이 한판 붙었지요. 주권자가 보는 가운데 말은 하고 지내야 하겠기에, 산적한 법안들이 쌓여 있기에, 서로 앞다투어 티격태격 한 치 앞도 볼 수 없는 오리무중 안개 속입니다. 결과는 조금도 양보하지 않는다는 것이지요. 아! 소리 하면 어! 소리 하고, 무슨 뜻인지 횡설수설, 말하고도 계면쩍어하지요. 꼴불견에 가관, 말이 아니지요.

마구마구 한정 없이 튀어나오지요. 극단의 말투들이 보는 이들을 조마조마하게 하지요. 극과 극, 만날 수 없는 끝단을 달립니다. 꼬부랑말은 통할까요? 조선말도 안 통하는데 무슨 말인가요? 그래도 통할까 싶어서 꼬부랑꼬부랑 말을 하지만, 긴가민가, 얼토당토 통하지 않습니다. 국민의 고초는 아는지 모르는지 난감 그 자체이지요. 서로서로 고질적인 밥그릇 싸움에 혈안이 되어 치졸하게 으르렁거리지요.

참말로 어쩌다가 거짓 정보에 물들었는지, 억지 주장 일변도라 들어도 모르겠지요. 척하면 삼척이라는데 그저 답답할 뿐이지요. 답답한 건, 말하는 이나 듣는 이나, 서로서로 마찬가지, 피장파장, 피차일반으로 먹통으로 안 통하지요.

당신은 여자! 나는 남자라고? 화성에서 목성에서 온 괴기한 인간들입니다. 한바탕 싸움으로 끝이 나고, 이제 각방 쓰는 천상천하 유아독존! 서로서로 생각이 다르다고, 제 말만 제 말이라고 하지요. 되 짜고 말 짜 놓고 지키라는 법도 있지만, 자리를 마련하고 화해를 종용해 보았지만, 도로아미타불입니다. 없던 일로 하자네요. 씩씩거리며 박차고 나갔지요. 소통이 살길인데.

먹통

통할 듯 말 듯
통, 안 통하네, 무엇이 저리 막고 있을까

질펀한 하수구 구멍처럼
소통이 중하다고 하는데, 애석하고 애석한 심정을
먹던 밥도 체한 듯
답답함을

어찌할거나 존폐 위기 기로에 섰다
다루어야 할 민생
지켜야 할 법들이 하품을 입이 터지도록
어복이 팍팍 타들어 간다
들불처럼

소통하라
국민이 지켜본다, 오감으로
그것이 살길이다, 소통이 살길이다
소통이 형통이다
복이다.

유월이 오면

녹음방초 유월은 호국보훈의 달이지요. 6월 1일은 의병의 날이지요. 6월 6일은 현충일이지요. 기꺼이 목숨 바친 호국선열들을 기리는 그런 날이지요. 꺼이꺼이 저들의 애달픈, 슬픈 탄식 소리 들리지 아니하는가? 홍익인간, 단군 이래 지난 세기 민족이 나라가, 이러지도 저러지도 백척간두에 화신이 되었지요. 민족의 위기 앞에 분연히 일어섰던 저들의 의기를 잊었는가요? 저들의 희생을 잊었는가요? 잊어서는 안 될 우리의 역사입니다.

의병장 강무경

신라와 백제를 가르던 무주 나제통문
한 의병장을 만날 수 있었다
무주 설천면 소천리 사람, 강무경 의병장을
아득한 세월을 뛰어넘어 만날 수 있었다

일본 침탈에 맞서 싸운 그의 나라
나라 사랑은 선열을 존경하는 그 자체 자체이다

기림비에는 이렇게 쓰여 있다
"꿈에서조차 그리던 나라의 광복을 보지 못하고
철천지원수의 총칼에 흙으로 돌아가게 되었으니,
오호 애재라! 내 혼백과 육신의 혈혼이라도
이승의 청강석이 되어 못 다한 천추의 한을 풀리라"
강무경 의병장이 사형되기 직전에 남긴 말 한마디
결기에 찬 그의 말 한마디에 머리를

과연 우리는 참 광복을 맞이한 것일까
나라 위해 목숨 바친 강무경 의병장이여
뛰어넘지 못한 극일, 천추의 한,
우뚝 선 당신 앞에 숭고한 정신 앞에 무구유언
오로지 머리 숙여 경의를

거창 심소정

거창 후미진 골짜기에 심소정이 있다
아무도 탐하지 아니할 것만 같은
비탈진 그곳에 심소정이 넘어질 듯

위태롭게 세워져 있다

심소정은
역사의 한가운데 여러 풍상을 겪었다
세월을 이기지 못한 빛바랜 단청마저 구슬프다
눈물이 빗물 되어 하염없이 흩날린다

조선 성종, 1489년 윤자선 선생이 세운
후진양성의 요람 또 하나의 역사
1919년 나라 잃은 슬픔에 잠겨 있을 때
파리장서운동이 논의되고 시작된 유서 깊은 곳
신간회 회장 윤병주 선생이
창남의숙을 세워 교육하던 곳

심소정은
마음을 되살리자는 정자라는데
천하를 주름잡던 인걸은 어디로 가고
숨죽인 적막감만이
뜻처럼 살아 역동하는 역사의 장이 되기를

역사는 살아 숨쉬기도 하지만
죽은 듯이 고요하기도 하다
그 역사를 살리는 것은 우리의 몫이다

하나의 운명 공동체
피를 나눈

잊었는가 역사를

한 세기를 뛰어넘는 어둠 속에서 깨어났다
얼룩진 침탈의 역사, 왜에 맞선 삼일운동
나라와 민족이 백두간척에 섰을 때
이름 없는 하나의 들풀에 지나지 않는
백성들이 분연이 일어섰다
그들을 기리는 역사가 이곳에 있다
긴긴 세월 넘어 현세에

한 세기의 세월이 지났지만
덜커덕거리는 수레바퀴처럼
뒤틀린 아귀, 저마다의 앙칼진 불협화음
끊어진 가야금 줄, 삑삑 소리만이
여전히 덜커덕거리고 있다
잊었는가 역사를
역사 앞에 머리를

이름 없이 쓰러져간 민초들, 선각자들

그들이 있었기에 역사는 강물처럼 도도하게
세월은 아는지 모르는지
깨어나라 겨레여 동포여

붉은 선혈, 피를 토하는 탄식 소리가 산천을 휘감아 돌아 나가지
요. 이름 모를 산야에 뼈를 묻어야만 했던, 뼈를 묻은 저들의 살신
성인, 조국 수호에 몸을 던진 피 끓는 민초들, 장정들의 울부짖는
저 소리가 들리는 듯합니다. 아득한 수많은 세월 어찌할 거나? 애
잔한 유월이 오면, 저 흐느낌을, 저 탄식 소리를 우리는 상기하고
영원토록 잊지 말아야 할 것입니다.

돌아가야 할 고향! 기다리는 처자식, 부모 형제! 아련히 피어오
르는 장래를 약속한 한 여인, 턱까지 차오르는 가쁜 숨을 몰아쉬
며, 생명의 끈을 놓지 못했지요. 마지막까지 온 힘으로 버티다 끝
내 눈을 감아야만 했던 선열들, 애끓는 저들의 탄식이, 가슴이 저
리도록 애달픕니다.

엄주선강도사 순교 테마공원

청송에 엄주선강도사 순교 테마공원이 있다
엄주선강도사는 6.25 동란에 나라와 이웃, 교회를 위해
희생을 마다하지 않은

뜻 기려 세워졌다

6.25 동란에 수많은 사람들이
민족과 나라를 위해서 희생이 되어
민족이, 나라가 슬픈 가슴앓이를
늘 이맘때면
오롯이

한 시대 기독교인들의 희생이 적지 않음을
세월이 많이 흐르고서야
곳곳에 그들의 숭고한 희생을 기리는
추모의 장소들이 세워지고 있다
참으로 다행스런 일

중단 없이 발굴되고 세워져서
그들의 꿈과 나라, 이웃사랑을 함께 나누고
후대에 길이길이 전하여
나라 위한 희생, 표상으로 삼기를
높이, 높이 두 손 모아서

민족과 나라 앞에 이런 비극은
다시는

외세와 동족상잔, 누구를 위해 목숨을 버렸는가요? 애끓는 피를, 그들은 흘렸어야만 했던가요? 민족의 등불마저 꺼 버린, 숭고한 정신마저 저버린 위정자들, 면면히 이어 온 국토를 두 동강으로 난도질하고, 고귀한 생명들의 넋, 외세와 동족상잔의 비극을 만들고 끝내 외면하고, 잊으려 하는가요? 잊지 말자! 면면히 이어 온 대업을. 철마는 달리고 싶다, 북녘을 넘어 광활한 시베리아 푸른 초원으로.

생각하며 살자!
왜곡의 역사를 청산하고.
두 번 다시는.

호국의 달, 잠에서 깨어나라

가관이로다! 가관이로다! 작금의 세태를 보노라 하니, 너희들의 놀음놀이가 가관이로다! 어찌하여 그리할 수가 있단 말인가? 대명천지 벌건 대낮에 고리타분한 이념에 무너지고 자빠지고 함몰되어, 역사 왜곡의 늪에서 헤어나질 못하는가? 긴 잠에서 깨어나라!

가면 갈수록 태산이라더니, 너희들의 놀음놀이가 그러할 진데, 가관이지. 소 무릎 세우듯이 박박 세워 역사를 부정하고, 그렇게 우기기라도 한다면 속이 시원하단 말인가? 부랄 찼다고 대장부라더냐? 이 졸장부들아! 그냥저냥 가슴을 풀어헤쳐라! 답답함에서 벗어나도록 해방을 외치자! 겨레의 진정한 해방을.

시대 시대, 때마다 일마다. 지켜 온 호국전사들의 우국충절, 목숨 바친, 굽히지 않은 절개, 분연히 일어선 의기를, 역사를 잊지 말라고, 저들의 눈물 어린 호소가 들리지 아니한단 말인가? 참으로 가관으로 기구하지요.

누구를 위한 분투인가

고작
한평생 쌓아 올린 이데아가
역사 왜곡,
동족상쟁,
이전투구,
이합집산,
이런 것들이란 말인가.
못난 것들.

삼삼오오 패거리로 줄줄이 몰려다니며, 나라와 민족의 영원무궁, 보국안민, 사느냐 죽느냐? 생존의 존폐는 아랑곳하지 아니하네요. 오직 사리사욕, 오로지 부귀영달에 죽을 둥 살 둥 피 튀기는 데에 혈안이 되어 있으니, 오직 그 무엇 하나? 그것은 하나의 이익 집단에 불과하지요. 눈엣가시, 지탄의 대상에 불과할 뿐이지요.

지난날 우리가 외치던 자주독립, 자주국방, 자주통일, 나라의 안녕질서를 잊었단 말인가요? 관심도, 안중에도 없단 말인가요?

아뿔싸! 하늘을 경외하지 아니하고 홍익인간, 선열들의 가르침에 반기를 들고 역사 왜곡, 세세 이어 온 민족의 정기는 안중에도 없이 시끌벅적 야단법석인가? 누군들 저 황소고집을 꺾을 수가 있단 말인가요? 화로다, 화로다, 이리떼와도 같은 외세는 호시탐탐, 자나 깨나 민족을, 나라를 노리고 있지요. 언제나 역사는 말하고 있지요. "역사를 모르는 민족은 미래가 없다"라고 말하지 아니하던가요? 눈 비비고 깨어나야지요. 무지에서.

면면히 이어 온 유구한 역사를 즉시하고, 일치단결하여 한마음 한뜻으로 이겨 나아가야 하지요. 부단한 노력과 중단 없는 전진만이 살길이요, 바른 역사를 가르치고 지키는 것이 우리 민족의 살길이지요. 이제라도 선혈들의 살신성인을 기리자! 두 번 다시는 더는, 저들의 살신성인을 욕보이지 말자!

잠에서 깨어나라! 왜곡된 역사에서 이념의 깊은 잠에서 깨어나라! 올바른 역사를 즉시할 때, 우리나라, 우리 민족의 살길이요, 나아갈 바입니다. 그리하면 대한민국 만세! 만만세! 만만세이지요.

이 한날도
목숨 바친 호국 영영들의 위상을 드높이자!
국가와 민족에게
심심한 가호가 있기를.

200627

대단한 가족, 콩가루 집안이

세계가 부러워하는 금수강산 대한민국의 중심 서울, 복작복작 모여 사는 여의도 한복판에 궁궐 같은 고대광실에 빌붙어 살아가는 자들이 있지요. 엘리트 중 엘리트라고 자부하는 천상천하 유아독존, 내가 나라고 내로라하는 사람들이 있지요. 대단한 사람들, 대단한 가족이 살고 있지요. 뭉치면 흩어지는 콩가루 집안이 살고 있지요. 딴에는 편을 나뉘어 선의 경쟁을 노래하고 있다지만, 국민을 위한답시고, 나라를 위한답시고, 참기름처럼 반질반질 고소하게 말들을 하고 있지요. 언제나 공염불에 고래고래 고래 싸움만 하는 사람들이 있지요.

국민의 애환, 민생고는 나 몰라라 안중에도 없고, 개인 영달 잇속 챙기기에 여념이 없는 사람들이지요. 그들의 등쌀에 약체 새우 가난한 서민은, 언제나 믿었던 도끼에 발등이나 찍히는 불쌍한 인생들, 세상살이 고역이지요.

아니나 다를까, 언제나 모르쇠로 한발 늦지요. 복장 터지게 둥둥 뒷북만 치는 어처구니가 없는 자들이지요? 뭉칠레야 뭉칠 수 없는 콩가루 집안이지요? 할 일 없이 마구잡이로 뒤꽁무니에 세비며, 온갖 것 챙길 것 다 챙겨 마당 넓은 고래 등 같은 고대광실에서 호의호식, 고기반찬에 기름진 비싼 밥만 먹는다고 하지요? 되짜고 말 짜고 법 짜고, 합의하고 파기하고, 왔다 갔다 지조 없이 어느 안전이라고, 약속은 지키지도 않는 일구이언 이부지자들이지요? 약속은 지키라고 있다는데, 호박전 뒤집듯이 잘도 뒤집습니다, 뒤집기 명수들처럼.

이골이 났지요? 거짓말 약속 파기 공염불, 국민이 지켜보는데도 불구하고 무시, 무시, 개무시하고, 국민이야 죽든 말든 아랑곳하지 않는 저들이지요? 간이 배 밖으로 나왔는지 배짱 좋게 안중에도 없지요? 만약에 안다면? 하늘이, 국민이 무서운 줄 안다면 그리할 수가 있단 말인가요? 저 꼴불견 고약한 밉상들이지요?

이젠 제발, 이렇게

말끔하게 걷어 내라
문벌 파벌, 당리당략, 억지 주장,
표리부동, 복지부동 저해 요소들을

가장 합리적으로 하라
심사숙고, 피 튀기는 처절한 토론을,
천부당만부당한 짓, 속 보이는 짓 하지를 말고,

국민이 수긍할 수 있는 일들을
상식선에서 합리적으로 지체 없이
국민 깔보지 말고 옷이 헤지도록, 신 밑창이 다 닳도록

원칙과 법을 지켜라
다수결 원칙, 일사부재리의 원칙
입법원칙, 국회법, 법적 기한, 합의 사항, 질서
원칙과 법 질서를 무시하지 말고
오합지졸, 무도한 짓들 하지를 말고
아수라장 개판을 만들지 마라! 남 부끄럽다

무궁한 발전을 시켜라
정치, 경제, 사회, 문화, 입법, 약자를 위하여
평등 평화 통일을 위하여,
대단한 가족, 콩가루 집안이여
국민 걱정시키지 마라

이것만은 하지 마라
이익 추구, 집단 이기주의,
이권 개입, 청탁, 무질서, 부동산 투기, 무사안일,
질투, 암투, 갑질,
국민 무시하다 보따리 쌀라, 출셋길 막힐라
조심 조심을

나아갈 목표를 두라
정치, 경제, 민주주의, 정의 가치 구현, 국태민안, 위민
누가 뭐래도, 오로지 살맛 나는 나라를 위하여
잊지 마라

원성 살 일을 하지를 마라
언젠가는 돌아가야 할
한 사람의 국민인 것을, 백성인 것을
아름다운 퇴장 박수를 받으며
우러러 공덕비라도 세울 수 있게
불의에 눈 감지 마라, 본분을 다하라

똑똑히 명심하라
오늘도 언제나 대한민국의 중심 서울, 여의도 한복판에
대단한 가족, 콩가루 집안에게
국민의 눈과 귀가 쏠려 있다는 사실을
매의 눈으로 지켜보고 있다는 사실을,
명심하라

유권자 국민들이여
누가 누구를 탓하리요
우리 모두의 잘못인 것을
언제나 선거 때마다 헛발질만 한 것을

오늘도 좋은 소식이 있으려나? 정치 뉴스를
두 손 꼭꼭 모은 채
행여나 마음 졸이며 역시나

인사가 망사다
인사가 만사다
선거가 답이다

200630

임아! 세월이 약이라지만

　살아온 세월이 죽을 것만 같은, 분하다 못해서 잠이 오질 않는다는 전쟁미망인들의 절규! 들리는가요? 밤잠을 설치며 살아온 나날들이 아픔으로 헬 수 없는, 부지기수이지요. 악몽을 꾸면서 버티어 온 그 세월이, 고을고을 산천에 원망으로 가득하지요. 수많은 세월이 야속하다 못해 한이 맺혔네요.

　지아비, 전쟁 통에 생이별을 하였지요. 생과부, 청산과부가 되었지요. 사랑에 목말라 애틋한 눈물로 덩그마니 홀로 남겨진 전쟁미망인! 이제는 아비규환, 도가니 속의 아픈 전쟁은 끝났지만 숨죽여 안으로 삭여 온, 한 많은 전쟁미망인들. 저들의 아픈 가슴 아픈 눈물을 닦아 드려야 할 텐데, 나 몰라라 하는 위정자들! 할 짓이 아니지요. 국가는 어디로 숨었는가? 끝도 한도 없이 억장이 무너지지요.

　이제라도 아픈 가슴, 뻥 뚫린 가슴을 채워 드릴 수만 있다면 그것은 역사를 바로 알고 바로 세우는 것이지요. 다시는 전쟁 없는 평화를 물려주는 일이지요. 올바른 우리의 역사를 바로 세우는 것이지요. 눈물을 닦아 줄 자, 그 누구란 말인가요? 무얼 하자는 것인가? 무얼 하는 것인가? 국가는?

어느 전쟁미망인의 애가

임아!
태양 같은 당신이 떠난 후 문득문득 생각이 났지요
곁에 있는 듯이 당신의 그림자
깜짝깜짝 놀라며 살아온, 헬 수 없는 세월
고비, 고비마다 보고파, 그리움에 지쳤던 세월
허구한 날 손꼽아 기다려도
이날 이때까지 죽었는지 살았는지
돌아오지 않는 야속한 당신을 마냥 기다렸소
어느 하늘 아래 있는지, 대답 좀 하시구려

임아!
이제나 저제나, 살아서 돌아만 온다면
읍내 삼거리에 나아가서, 얼싸안고 춤을 추며
머리카락이라도 싹둑 잘라, 미투리라도 삼으련만
어디서 무얼 하는지, 내 없는 저세상이 그리 좋던가요
대답 좀 하시구려

임아!

베갯잇이 다 젖도록, 그리워 목 놓아 울었던들

무슨 소용이 있겠소만 이제나 저제나 기다리다 지쳐서

그렇게 예쁘다던 곱던 얼굴, 백발에 주름이 가득하니

갈 날도 가까왔소! 십 리 밖이 천국인데 그리도 좋던가요

애틋한 사랑, 천국에서는 만날 수 있을까요

못 다한 사랑을 어찌하리요

임아!

당신이 두고 간 남겨진 자식들

애비 없는, 근본 없는 자식이라는

그런 소릴, 부단히도 애를, 애를 썼지요

어떻게든 까막눈 만들지 않으려고

반듯하게 키우려고 애를, 애를

발버둥 치며 갖은 고생 버티며, 살아온 그 세월이

야속타 못해 애절해서 눈물마저 메말랐지요

세월이 약이라지만 어찌, 잊을 수가 있겠어요

눈물로 얼룩진 지나간 그 세월을 무엇으로

다시 뵈올 날이, 어찌 하나요

임아!

야속한 수많은 세월을, 꿈엔들 잊을 수가 있겠으며

잊지 못하겠다는, 처절한 선홍빛 저의 절규를

만날 날 있을까요, 잊지는 말아야 하지요?
첫날밤, 백 년을 살자던 얼룩진 그 맹세를
잊을 수가 있나요? 핏빛 눈물을

200709

여의도 나리, 관료들이여

　동서고금을 막론하고 사대 성인들은 가난한 자를 약한 자를, 고아와 과부를 더욱더 사랑하고 섬기라 하셨지요. 그렇다면 당신들은 헐벗고 굶주린, 지극히 작은 자들을 섬겨 보았나요? 이날 이때까지 어디서 무엇을? 어떻게 했다는 말인가요? 눈물로 나누고 섬겨 보기라도 했다는 말인가요?

　거두절미하고 정치의 중심, 정치 일 번지 종로, 여의도 한복판, 광화문 한복판에서 국민의 삶의 질을 위하여 죽도록 생각해 보았나요? 국민의 세금으로 국가의 녹을 먹는 여의도 나리들이여! 국민의 공복 관료들이여! 당신들은 국민의 삶 기본의 기본, 입고 먹고자고 하는 기본에 기본을 누릴 권리와 행복추구권을 위하여 얼마나 노력하여 보았나요? 특히 꿈틀꿈틀 용트림으로 요동치는 산물, 부동산 문제를 놓고 밤새도록 베개를 몇 번이고 곧추 베어 보았나요? 기와집을 지었다 부수고, 부수었다가 짓고 그러기를 수 차례, 빨간 핏대가 서도록 토끼 눈으로 밤을 지새워 보았나요?

　그렇기에 어떻게 하면 국민을 잘살 수 있게 할 수 있을까? 진지

하게 고민하고 토론하며, 사력을 다하여 노력해 보았나요? 한정된 국토, 제한된 삶 속에서 힘센 자가 많이 가지는 승자 독식을 한 번쯤 생각해 보기라도 했단 말인가요? 가질 수 없고 힘없는 국민들에게는 무엇으로 어떻게 채워서 균형을 맞출 수 있다는 것인가요? 그렇다면 당신들은 기회균등, 평등 사회를 위하여 무얼 했단 말인가요? 어찌하면 좋단 말인가요?

고난을 당해 보았나요

당신들은
부도를 당해 보았나요
부채로 허덕여 보았나요
신용 불량자가 되어 보았나요
가난의 서러움을 당해 보았나요
부끄러운 눈물의 빵을 먹어 보았나요
문전박대를 당해 보았나요
멸시천대를 받아 보았나요
갑질을 당해 보았나요

당신들은
빈민촌에서 살아 보았나요
판자촌에서 살아 보았나요

쪽방촌에서 살아 보았나요
집 없는 서러움을 당해 보았나요
월세로 이 집 저 집, 전전긍긍 쫓기며 살아 보았나요
없다고 괄시를 받아 보았나요

당신들은
인력 시장에 나가 보았나요
비정규직으로 일해 보았나요
땀 흘려 농사를 지어 보았나요
공사판에 막노동을 해 보았나요
포효하는 바다와 싸워 보았나요
오일장 난전에서 장사를 해 보았나요
밤낮 위험한 공장에서 일해 보았나요

당신들은
중병으로 사경을 헤매어 보았나요
사랑하는 가족을 잃어 보았나요
집안에 이런저런 우환을 겪어 보았나요
독에 갇힌 쥐처럼 군 생활, 국방의 의무를 다해 보았나요

당신들은
독방, 징벌방에 갇혀 보았나요
말벗도 없이 고독하게 살아 보았나요

정함이 없는 노숙 생활을 다해 보았나요
사랑의 배신을 당해 보았나요
고독을 씹으며, 사랑에 목말라해 보았나요

당신들은

200714

어느 외로운 만장

인생은 물과 같이 흘러가는 법이지요. 외로운 이름 석 자 새겨진, 영욕의 만장을 앞세우고 가련한 인생이여! 어찌하리오? 커다란 족적을 남긴 두 죽음, 수근수근 손가락질을 하며, 너희들이 사회를 위하여 국가를 위하여 언제 수고하였더냐며 침을 뱉고, 돌팔매질에 쓸쓸한 퇴장을 하였지요. 이럴 수가 있을까요? 죄 없다 할 자 그 누구란 말인가요? 무슨 일만 있으면 때는 이때라고, 코를 벌름벌름, 성난 개떼처럼, 고라니 새끼들처럼 몰려 찍찍거리며, 호랑이 새끼들처럼 서로서로 으르렁거리니 이를 어찌하면 좋다는 말이오?

만민들아! 서로 사랑하라! 길 떠난 죽은 자는 말이 없지요? 서로를 위로하고 자중자애하여야 할 처지들이지요. 그렇게 해야 할 일인지요? 아니면 소란을 피우며 피 터지게 으르렁으르렁 찍찍거리며, 아리고 아픈 상처를 야멸차게, 꼭 그렇게 헤집어야 파내야 하겠단 말인가요? 전후 인정사정없이 무턱대고 후벼 파야만 하겠단 말인가요? 역사 이래 쌓이고 쌓였던 과거의 응어리들이 새삼스럽게 수면 위로 떠올랐다고, 때는 이때라고, 꼭 그리해야만, 그래서 속이 후련하단 말인가요? 그때그때 정리 못한 역사들이 민족에게 천추의 한이 되었지만 어찌하랴? 역사는 현재를 살아가는 우리들에게 반면교사로 삼아야 할 산 교훈이지요.

인걸은 가고 없는데 남은 자들은? 닭 쫓던 개 지붕 쳐다보고 있는 형국이지요. 기왕지사 씹은 김에 잘근잘근 씹어야 하겠다는 심사, 엉뚱한 말 뼈다귀를 가지고 노는 형국은 아닐는지 모를 일이지요? 가련한 인생들이여! 예수님은 위풍당당 도도한 자들에게 너희 중에 죄 없는 자가 돌로 먼저 치라! 하셨는데, 당시 위선자들은 슬금슬금 도망을 쳤다는 이야기이지요. 때 묻지 않은, 흠 없는 거룩한 자가 어디 있으며, 뉘라 말할 수 있을까요?

아서라! 말을 말자! 자비와 긍휼은 온데간데없고, 게거품에 악다구니만 남아 있구나? 서로 사랑하고 긍휼히 여기며 화목하라! 사랑하라! 이는 천지 우주 만물을 조성한 조물주의 제일, 지상 명령이자, 삶의 근본이지요.

사랑(고린도전서 13장)

사랑은
오래 참고, 온유하며
시기하지 아니하며, 자랑하지 아니하며
교만하지 아니하며, 교만하지 아니하며
무례히 행하지 아니하며, 자기의 유익을 구하지 아니하며

성내지 아니하며, 악한 것을 생각하지 아니하며
불의를 생각하지 아니하며, 진리와 함께 기뻐하고
모든 것을 참으며, 모든 것을 믿으며, 모든 것을 바라며
모든 것을 견디느니라

사랑은
언제까지나 우리와 함께
뗄레야 뗄 수 없는, 떨어지지 아니하리라
사랑은 끊어지지 않는 질긴 인연이다

그런즉
믿음, 소망, 사랑
이 세 가지는 우리 곁에 항상 있을 것인데
그중에 제일은 사랑이다.

200722

부동산이 문제, 장안이

태고 인왕산 자락에 새로이 대한민국이 열리고, 떡하니 버티고 있는 푸른 기와지붕의 크나큰 대궐이 있다는데, 이름하여 청와대라는 곳이지요. 근데 요즈음 걸핏하면 이것저것 구설수에 올라서 뒤죽박죽, 갈팡질팡, 요란하게 꼬이는 것 같으니? 더욱, 더더욱 더욱더 동산도 아닌 부동산, 집 때문에 말이 많고 체면이 말이 아니지요? 그러고 보니 부동산이라는 뚱딴지같은 괴물을 만나 결사 항전 죽느냐? 사느냐? 참으로 암담한 현실이지요. 나라며 민의는 실타래처럼 꼬일 대로 꼬이고, 국민들의 질책에 속수무책 당하고 있는 형국이니 어쩌나, 이를.

문제이긴 문제여? 장안의 부동산이 문제이지요? 이런저런 자들이 재채기라도 한다면 전국이 출렁출렁 요동치니 문제가 아닐 수 없지요. 동산도 아닌 것이, 이 부동산이 말도 많고 탈도 많으니? 어제오늘만의 문제가 아니라 역사 이래 쭉 문제라면 문제였지요? 그나저나, 무슨 속 시원한 대책이라도, 속수무책, 무대책이 대책인지, 당하는 것만 같아 허망하기 그지없지요? 문제이긴 문제이지요? 이를 어찌하면 좋단 말인가요? 어찌하면?

집 없는 자, 땅 없는 자들은 요즘 같은 이 시기에 더더욱, 집도 땅도 없는 박탈감에, 허망함으로 진땀이 빡빡 날 지경이지요. 괜한 주눅이 들고 자존감마저 짓밟히고 바닥으로 내려앉으니 어이 하면 좋단 말인가요? 그렇다고 두 손 놓고 팔짱을 끼고 주어진 팔자이거니, 속수무책 당할 수만 없지 않으니 난감 그 자체이지요? 강 건너 불구경만 할 셈인가요?

부동산! 게 서거라! 우리가 간다! 우린 배달의 민족, 한 형제자매들이 아닌가요? 역사 이래 언제나 위기를 극복하고 승리했듯이, 끝내 승리하리라는 소망을 가져요. 불굴의 힘으로 똘똘 뭉쳐 힘을 합하여 이겨 나아가야 하지요. 언제나 그랬듯이 이겨 나가자고요. 암요

집이 많은 집 부자들은 한두 채만 남기고 팔고, 땅 부자도 필요 이상 가지지 말아야 하지요. 골치 아프게 논밭전지 묵히고 쑥대밭 만들지 말아요. 특히 시골에 빈집들은 묵혀 못 쓰게 만들지 말고, 팔지 못하면 빌려주기라도 해야지요? 집 없는 자, 땅 없는 자들, 특히 귀농귀촌 하는 자들을 위하여 이것저것 재지 말고 빌려주기라도 해야지요. 묵히면 흉물스럽게 폐가로 전락할 뿐이지요. 꼭 집 투기 땅 투기로 돈을 벌어야 하겠는지요? 새로운 투자처를 찾아보세요.

집은 기본에 기본이요, 선택이 아니라 필수이지요. 여우도 쉬고 잠잘 굴이 있다는데, 하물며 사람이 없어서야? 집 팔고 땅 팔아서 이웃에게 희망을, 나라에 충성이라도 해야지요? 아니면 빌려주기라

도 해서 집 없는 한 사람씩 살려 보자고요. 오늘도 불안, 내일도 불안, 불안하게 셋방살이 하는 자들에게 집 한 채씩 안겨 주어, 인생 살맛 나도록 힘을 보태 보자고요. 사람이 하는 일에 안 되는 일이 어디 있겠어요? 욕심을 버리고 마음만 비운다면 하늘은 스스로 돕는 자를 돕는다고, 하늘이 도와주실 거예요.

재물이 많으면 많을수록 좋다고 하겠지만, 많아도 한세상, 없어도 한세상, 죽음 앞에 서고 보면 가져갈 자 아무도 없으니 다 부질없는 일이요, 허사이지요. 앞집 어르신 뒷집 어르신, 한때는 돈 번다고 아등바등, 집이 몇 채라고 좋아들 했겠지만 다들 하늘나라 갈 때는 거저 가더이다. 땅 한 평, 수의 한 벌이면 족하더이다. 아니, 한 줌의 재로 돌아가더이다. 더 늦기 전에 베풀며 살아가자고요! 우리 모두를 위하여 아낌없이 그리하자고요.

배달의 자손 백의민족, 여의도 신사! 청와대 신사들이여! 점잖게 일처리들 해야지요? 당신들이 솔선수범, 본을 보이며 나서지 않는다면 그 누가 나서겠어요? 수신제가 후에 치국평천하라는 말도 있지 않나요? 가엾은 가난한 백성들, 강소주 마시고 쓴 커피 마시게 하지 말아요. 제발, 부탁이네요. 아무튼간에 우리 모두 힘을 합하여 너나없이 잘살아보아요. 우리들이 누구인가요? 위기 때마다 일어서는 불굴의 배달의 민족이 아니던가요? 힘을 내요. 천지 만물이 박수 치도록.

배달의 자손, 여의도 신사! 청와대 신사들은 국민을 위하여 가진 자는 없는 자를 위하여, 우리 모두 감사로 가난한 자, 과부와 고아, 약자, 지극히 작은 자를 위하여 분골쇄신, 환골탈태, 우리 모두의 공동체를 위하여 파이팅이지요.

그리하면
얼씨구나! 대한민국 만세! 만세! 만만세!
영원무궁하리라!
소망을.

200723

부동산, 서울이 그리도

일제강점기 동족상잔의 오십 년대를 지난 육칠십 년대, 보릿고개로 먹고 못 살아 헐벗었던 눈물의 세월이 있었지요. 그 시절 근대화산업의 세찬 열풍을 타고 꾸역꾸역, 가자! 자자! 서울로 모여들 갔었지요. 그것이 지금의 모습 모순덩어리의 시작이 아니던가요? 박정희 정권의 슬로건이었던 흰쌀밥에 고래 등 같은 기와집에서 잘살게 하겠다던 배포 있는 외침이 있었지요? 배 곯지 않고 남부럽지 않게 잘살아 보겠다고, 모이고 모이고 모인 것이 과밀의 모순덩어리로 고무풍선처럼 팽창되어, 터지기 일보 직전 지금의 모습이 아닌가요? 오늘날 욕심으로 점철된, 얼룩진 부동산 문제의 화근이 아니던가요?

도시의 근간이 되는 길을 닦아라! 투자를 넓혀라! 집을 지어라! 간접 투자는 끝도 한도도 없었고, 쓰레기는 높이높이 산을 이루고, 곪을 대로 곪아 터지기 일보 직전이지요? 당처가 어디인지 알길이 없고 비대할 대로 비대하여 문제투성이지요? 뜻하지 않은 부동산이 동맥 경화에 걸렸지요. 우리들의 발목을 잡고 있지요?

그 기세가 폭발하기라도 한다면 여타 모두 공멸이지요. 이 세월이 천년만년 갈는지, 쉼 없이 억만년을 갈는지, 누구도 장담할 수는 없지요. 그전에 뜻하지 않은 천재지변이라도, 크고 작은 사변이라도 난다면 어이할 건가요? 경제라도 순탄치 않다면 공들여 쌓아 올린 탑은 졸지에 무너지고 물거품이 되고 말 거예요. 모든 것이 속수무책으로 흐물흐물 무너져 내리고야 말 거예요.

부동산 대책이라고 늘 처방전을 내어놓았지만, 언제나 기대에 미치지 못했어요. 근본 대책이 없는 땜질식 대책으로는 해결의 실마리가 되지 못해요. 요원하지요? 바른 처방 없이 무대책으로 일관하다가는 낭패이지요? 지지고 볶아 대다가 목말라 다 죽은 다음에 정신 차릴 건가요? 째깍째깍 시간은 자꾸자꾸 덧없이 흘러가지요. 세월은 자꾸자꾸 하염없이 흘러가지요. 아직도 무대책이 대책이라고 안이하게 굴지 말아요. 대책 없이 정책 마무리를 못하다니? 약자는 더더욱 답답할 뿐이지요. 복장 터지게 살맛이 나질 않지요.

이러다 안보, 정세라도 안 좋으면 어찌하려나요? 북쪽에 작은 집이 울타리 너머로 호시탐탐 기회를 엿보고 있는데, 봄날에 한가한 웅덩이에 올챙이, 개구리같이 오골오골 몰려 개굴개굴 노래만 부르고 있다가 뜰채 한 번이면 끝장이지요? 예기치 못한 무슨 변고라도 당한다면 어찌한단 말인가요? 현대전에서 집채만한 미사일 한 방이면 끝장이지요? 첨단 무기 한 방에 민족이, 국가가 황천길, 골로 가지요.

유비무환이라고, 미리미리 대책을 세워야지요. 독기 품은 부동산은 사나운 맹수처럼 천정부지로 하늘 높은 줄 모르니 언젠가는 오르막이 있으면 내리막도 있는 법, 어느 날 갑작스럽게 곤두박질이라도 친다면, 어이할 것인가요? 무슨 대책이라도 세워야 하지요.

뿐인가요? 서울 경기 지역에 인구 절반 가까이 산다고 하네요? 집 없는 자가 거의 인구 절반 48%라고 하니, 놀랄 따름이지요. 인구의 과밀집이 부동산 문제라는 거대한 괴물을 키웠지요. 독버섯처럼 자라게 하는 단초를 제공하는 계기가 되었지요? 무엇을 어떻게? 매우 대략 난감한 일이지요. 인구 분산이 답인 것 같은데, 수도권 개발 제한이니, 행정도시니, 혁신도시니, 지방분권이니? 애를 써 보았지만 기득권자의 콧바람에 위축이 되어 이내 수그러들고야 말았지요? 정책의 일관성이 무너지고 용두사미, 갈팡질팡 바람에 흔들리는 갈대와 같이 지조가 없지요?

한편 시골은, 소도읍은 텅텅 비어 간다는데 아무리 보아도 인구 정책은 실효성이 부족하지요. 뿐인가요? 젊은이들이 없어서 고령화에 아기 울음소리가 끊어졌다는데, 이해타산에 머리 굴리고 텃세로 지역 이기주의만 앞세우다 볼 장 다 보겠어요? 인구 분산, 소도읍의 인구 정책 중의 하나인 귀농귀촌은 지역민의 몰이해로 환영은 못 할망정 토착 세력의 갑질, 말도 안 되는 발전 기금, 툭하면 길을 막고, 안다리를 걸고, 지역민 우선이라는 끼리끼리 문화에 침몰하고 있지요. 매몰찬 텃세에 무너지고 있지요. 현지인들이 따뜻하게 환영하며 받아들일 수 있는 토양, 자세, 토착 세력인 지역민, 외람되지만 특히 마을 지도자들에게 교육이 필요하지요? 무엇보다 국방을 필두로 부동산, 인구 문제를 우선시하는 온 행정력을 집중할 때이지요. 어찌되었든 조심스럽게 접근할 필요가 있지요.

때론 당근과 채찍, 물리력도 필요하지 않을까요? 내일처럼 세세하고 세밀한 정책이 필요하지요. 어이하면 좋단 말인가요?

이젠 제발 너 죽고 나 죽는 일 그만하자! 너도 살고 나도 살자! 나 혼자 살려다 다 죽는다. 휘황찬란한 문명의 이기 불빛 앞에, 불나방들처럼 몰려들다 다 죽어요. 서울이 그리도 좋은가요? 시끌벅적한 동네 서울이 난 별로던데요? 조용히 살아가련다. 유유자적 풀피리 불며, 조만간에 떠날지는 모르지만.

누가 뭐래도 곰실곰실 이렇게
인생은 누구도 모른다.
모르긴 하지만?

200725

망나니 칼춤, 억울한 백성들을

좋다는 서울, 금싸라기 강남 서초에 법을 좋아해서 법을 먹고 사는 사람들이 있다고들 하지요? 무소불위, 점잖은 척 거룩한 척, 하지만 이면에서 암암리에 할 짓 못 할 짓 다 하는 망나니들이 눈총을 받으며 살아가고 있다고 하지요? 양두구육, 양의 탈을 쓴 사람들이 의기양양 보란 듯이 살아가지요. 짝다리를 짚고 건들건들, 탱자탱자 살아가고 있다고들 하지요?

인명은 재천이라고 하지요? 사람의 목숨과 한세상 살아가는 것은 하늘에 달려 있다고들 하지요? 어찌하여 타인의 삶을 좌지우지하는가? 고무줄 같은 잣대로 하나뿐인 소중한 목숨을 좌지우지하며 빼앗아 가는가? 인면수심으로 가득 찬? 그 누가, 누가 누구를 감히? 일거수일투족 하늘이 보고 있지요?

자고이래로 사람의 목숨은 하늘의 것이지요. 잘못을 저질렀다는 이유 하나만으로? 아니, 무고한 죄인을 만들어 죄의 굴레를 씌운다는 말인가요? 하늘만 쳐다보고 땅만 바라보고 살아온 무고한 저 백성들을, 저들 좋아라! 무참히 쓰러뜨리는가? 어찌어찌하여 몹쓸 짓들을 파리 목숨처럼, 그뿐인가요? 수많은 영웅호걸, 독립운동가, 선비들마저 망나니들의 칼춤에 파리처럼 속절없이 쓰러졌지요. 걸핏하면 바른말을 한다는 이유 하나만으로 쓰러졌지요. 낫놓고 기역 자도 모르는 저 무지한 백성들을 일깨운다는 목적으로, 허울 좋게 포장을 하였지요. 이름하여 내란 선동죄로 목숨을 짓밟고 빼앗아 갔지요?

  정당성 없는 오싹한 검은 두건을 씌우고, 가족마저 풍비박산 산산조각을 냈지요. 심지어는 무소불위 힘을 과시하며 몹쓸 짓을 서슴지 않았지요? 나라와 민족의 큰 거목, 아까운 재원들을 무참히 쓰러뜨리고, 낫 놓고 기역 자도 모르는 저 무지한 백성까지, 왜? 누가 억울한 백성을 만들었단 말인가? 참으로 통탄할 일이지요. 응당히 천벌을 받아야 할 이들이 과연 그 누구란 말인가요?

  하늘이 울고 땅이 울었다.
  마지막 날에 어찌 감당하려는가?
  하늘이 무섭지도 아니한가?
  구천을 맴도는 원귀가 무섭지도 아니한가?
  저 한 맺힌 원한을 어이하랴?

  피도 눈물도 없는 저 망나니들, 오늘도 시퍼런 무시무시한 칼춤을 춥니다. 아무 거리낌 없이 없는 것도 만들고, 있는 것도 숨기고 덮어 버리는 무소불위의 권력과 타의 추종을 불허하는, 망나니들임에는 틀림이 없지요? 탁월한 재주를 가지고 억울한 백성들을 만들었으니 어찌하리오? 아뿔싸! 저 백성들의 원한이 들리지 아니하나요? 원귀가 되어 구천을 맴도는 저 소리가.

때로는 정권의 시녀로, 때로는 보신을 위하여 휙휙, 휘리릭 휘두르며 단칼에 가 버리는, 하찮은 파리 목숨처럼 다루어서야? 이거 왜 이러나? 이 땅에 올 때는 한 생명도 거저 옴이 없을 텐데? 이제는 가차 없이 단호히 끊을 때이지요. 짜릿하고 달콤한 피 맛에 취하여 칼춤을 추는 저들을 어찌 보고만 있을 수 있다는 말인가요?

권력은 지엄하신 하늘로부터, 국민의 손으로부터 나온다고 하지요. 국민의 뜻에 반하는 것은 곧 하늘을 거역하는 일이요, 국민을 거역하는 일이지요? 민심이 천심입니다. 천심 앞에 쓰러진다는 사실을 반드시 기억해야 할 것입니다.

이제는 기필코 억울한 백성들을 만들지 말아야 하지요? 역사의 톱니바퀴 속에서 자손만대, 누대에 이르기까지, 역사의 한 장면에 기록이 남게 되어 백성의 입 도 틈에 오르내리지 마라! 낯부끄러운 조상들이 되지 마라! 부끄러운 자손들을 만들지 마라! 역사는 말하지요. 그리고 반복된다고 매듭을 지으면 반드시 풀어야 할 때가 있다는 것을 왜 모른단 말인가요?

깨어나라!
동방의 예의지국!
세세토록 끊임없이 영원 영원토록
대한민국 만세! 만세! 만만세!
만만세이다.

한 지붕 두 가족, 가관이로다

대명천지, 서울 한복판에 한 지붕 두 가족이 살아가고 있지요. 그들이 살아가며 하는 일들이 유별나게도 가관이지요. 회의며, 법이며, 토론이며, 정책 개발이며, 하나에서 열까지 기구벌창 가관이지요. 하늘 같은 주인인 국민은 아랑곳하지 아니하고 언제나 정쟁으로 점철된 한 지붕 두 가족, 매번 보면 볼수록 신물이 날 정도이지요. 국민으로부터 부여받은 권한, 임무를 애써 외면하고 헌신짝처럼 보기 좋게 팽개치니 못내 가관이지요, 가관 그 자체이지요?

거룩한 입, 입 밖으로는 거론조차 입에 올리기조차 더럽고 치사한 오물투성이로 손과 입만 더러워지니 다시는 쓰지도, 말하지도 않겠다던 모처럼의 맹세는 작심삼일이 되고 말았지요. 그렇다, 식자우환이라더니 보통 사람들은 어설프게 아는 것이 화이지요. 보고도 못 본 척, 들어도 못 들은 척, 모르는 것이 약이지요. 쇠 중에는 모르쇠가 최고라고 말씀하시던 선인들이 생각납니다. 말씀처럼 그렇게 살아가야 하겠지만? 아서라! 손이 까딱까딱, 입이 근질근질한 것을 내 어찌하랴? 다시 한번 되뇌어 봅니다. 쇠 중에는 모르쇠가 가장 좋다는데 말입니다.

그래도 한번 들어나 보자! 생전에 철천지수, 무슨 죽을 원수가 졌는지? 치고받고 깽판에 어이 상실이지요. 아수라장 난장판에 꼴불견, 밥맛으로 밉상 중에 밉상이지요? 저러고도 표 달라고 구걸, 구걸을, 손이 부끄럽지 아니한가요?

한쪽이 애써 승리를 이루면 사촌이 땅을 샀는지? 잘될까 봐서 시기 질투 욕심에, 바지 단을 붙들고 모르는 척 데굴데굴, 질질 끌고 늘어지니? 어찌하면 좋다는 말인가요? 임들이 정권을 잡아야 한다는 절대절명의 대명제가 있다고는 하지만, 주권 재민이라고 국민보다 정권이 앞설 수는 없지 않은가? 국민 없는 정권은 있을 수도 없으니, 명심하라! 국민이 왕이라는 사실을 명심하고 또 명심을.

세상은 '있는 자의 세상'이라는 어르신들의 말씀이 오늘따라 이렇게 마음에 와닿을 수가 있다는 말인가요? 이들이 딱 그쪽이지요. 누구를 위한 국회며, 법이며, 정책이란 말인가요? 누구를 위한다는 것인가요? 참 딱하디 딱한 이들이지요.

하라는 일은 아니하고, 보란 듯이 여론몰이에 이골이 났지요? 내 배부터 채우자는 심사이지요? 집은 있는 자의 40%가 몇 채씩 가지고 있다는데, 이것이 어찌 정상적인 사회며 국가란 말인가요? 이 와중에도 네 편, 내 편, 내로남불, 도긴개긴, 피장파장이지요. 생각, 생각해도 싸움박 질에 이골이 난 모리배에 지나지 아니하니 한 지붕 두 가족이 바람 잘 날 없지요? 어찌하면 좋단 말인가? 어찌하면?

사회의 각 분야, 분야들이 두각을 나타내지만, 어찌하여 정치만은 후진을 면치 못하나요? 아전인수, 자신에게 관대한 나머지 자신의 잘못을 뒤돌아보지 못하는 약시로 끝없는 소모전에 남 탓 공방만 하는 꽁생원들, 팔푼이, 칠푼이들처럼 야단법석을 하는 건가요? 야단법석을?

그럴 푼수면 당장에 때려치워라! 속이나 시원하게 들먹들먹, 욱신욱신, 아이고, 두야! 혈압으로 제 명에 못 살겠어요. 국민이 살맛 나는, 너도나도 보란 듯이 때때옷에 기름이 둥둥 뜨는 고깃국에 기름진 흰쌀밥을 먹고, 집 한 채씩 가질 수 있는 넉넉한 주택 정책, 부동산법을 만들 수는 없단 말인가요? 국민을 위해 신나는 정책은 만들지는 못할 망정, 누구 안전이라고 몹쓸 짓들을 한단 말인가요? 옳캉 글캉 남 탓만 한다는 말인가요? 남 탓만?

법을 잘 만들어야 정부가 일을 잘할 수 있지 아니한가요? 발목만 잡고 늘어지는데도 이만큼 사는 것을 보면, 오대양 육대주 세상천지에도 없는 별나라에만 있을 법한 기적 중에 기적이지요. 이보시게들, 인간이라는 인두겁을 쓰고 부끄럽지도 아니한가요? 부끄럽지도.

야속하도다. 저들을 민의의 대표라고, 지역의 대표라고, 나라의 일꾼이라고 하루를, 몇 날 며칠을 공치고 뽑아 놓았단 말인가? 그 누가 뽑았단 말인가요? 우리 모두가 아니던가요? 눈과 귀, 손이 부끄럽습니다. 유사이래 이렇게 손이 부끄러울 수가 있단 말인가요? 생각하면 할수록 보면 볼수록, 세월이 가면 갈수록, 해가 더하여지면 질수록 점입가경이지요. 못내 후회를.

오늘도 한 지붕 두 가족이 전국을, 아니, 세계만방에 똥 칠갑으로 도배를 하지요. 안팎 거죽 말끔히 씻을 날이 속히 오기를 학수고대하지요. 정치가 화로다. 한 지붕 두 가족이 화로다. 화, 화화, 화로다? 천불이 나지요?

이제는 두 눈 부릅뜨고 일하는지 안 하는지, 핫바진지 아닌지, 잘 살펴보자! 평소 매일매일 주도면밀히, 샅샅이 잘 살펴보아 두었다가, 다음 투표, 선거에는 가차 없이 잘라 버리자! 보기 좋게 반드시.

한 번 속지 두 번 속을 소야?
주권자들이여!

독재의 망령을 깨우지 마라

독재라는 말을 거룩하다고 자부하는 입에 마음대로 올리지 마라! 함부로 올리지 마라! 국가 재건이라는 허울 좋은 미명 아래 걸 핏하면 족쇄를 채웠지요. 입에 재갈을 물리고, 귀중한 생명을 빼앗았지요. 단란한 가정을 파괴하고, 단 한 번뿐인 인생을 걷어 가고 망치는 어처구니없는 일들이 알게 모르게 일어났었지요. 얼마나 가슴 아픈 일들을 저질러 왔는지 모를 일이지요? 그 얼마나 극악무도한 짓들을 저질러 왔는지, 수많은 사람들을 억울하게, 제대로 눈을 감지 못하도록 하였다는 말인가요? 억울한 백성을 만들었단 말인가? 얼마나?

세간에 편향된 극우들이 걸핏하면 독재라고 그 거룩한 입에 올리는 것을 보면, 당당하게 서슴없이 말할 수 있다는 그것이 독재가 아니라는 반증이지요? 독재 시절! 감히 독재라는 말도 못 했지요. 쥐도 새도 모르게 잡아갔으니. 법을 무시하고 찬탈한 정권을 유지하기 위하여 뻑 하면 계엄령으로 두 손 두 발에 족쇄를 채웠지요. 보기 좋게 입에 재갈을 물렸으니 어디서 감히 독재라고 입에 올릴 수 있다는 말인가요? 독재라고 말하던 박정희 정권, 광주학살의 원흉이라고 말하는 전두환 정권과 촛불혁명이라는 바탕 위에 세워졌다는 문재인 정권을 비교해 보라! 과연 그런가?

독재라는 철통같은 울타리 속에 갇히고 혀를 잘린 짐승과도 같이 웃음조차, 울음조차 낼 수 없었지요. 언론은 어떠했는가? 표현의 자유의 상징이라고 해도 과언이 아닌 윤전기를 멈추게 했습니다. 정치경제사회 어느 것 하나 자유롭게 민주적으로, 제대로 돌아가는 것이 없었다? 숨소리조차 멈추게 할 만큼 모진 그 세월? 그 시절을 안다면, 어찌 독재라는 말이 용변을 보듯이 그리도 쉽게 나온다는 말인가?

그 시절 민주화를 위해 수많은 사람들이 거리로 쏟아져 나왔지요. 체류 가스가 난무하는 자욱한 거리, 인정사정없는 곤봉 세례, 죽을 둥 살 둥 쫓고 쫓기는, 밀고 밀리는 아슬아슬한 공방전, 조여오는 포위망을 피해 숨바꼭질을 하였지요. 고춧가루 물고문에 몽둥이 찜질 주리를 틀어, 채 피지도 못한 생명들을 앗아 가지 아니하였던가? '탁 치니 억 하고 죽었다'는 어이없이 죽은 박종철 열사, 최루탄에 맞아 죽은 이한열 열사의 죽음을 묵도해야만 했던 우리들이 아니던가? 민주 열사들, 목숨을 초개와도 같이 버리고 민주주의 자유를 위하여 항거했던 수많은 열사들을 생각해 보라! 생각할수록 오싹 소름이 돋지요.

쇠 철장에 갇혀 보았다면, 그 누가 감히 독재라고 저처럼 가증한 입에 올릴 수가 있단 말인가요? 인간의 덕목 중 가장 큰 덕목은 부끄러움인데? 부끄러운 줄 모르는 독재자? 독재자의 후예들? 파렴치한 인간들이 아니겠는가? 재판다운 재판 없이 하늘이 내린 고귀한 생명을 빼앗았던 인면수심의 사건들, 인간이기를 포기한 저들이야말로 독재자가 아니고 무엇이란 말인가요? 하늘이 내린 생명을 꺾는 극악무도한 사건들을 알고서야 어찌 독재라는 말을 입에 감히 올릴 수가 있단 말인가?

독재를 입에 올린다는 것은 불의와 적당히 타협하고, 저 하나의 보신과 입신양명을 위해 쥐 죽은 듯이, 모르는 척 저 할 일만 하면서 살아온, 비겁하게 살아온 자들은 아닐는지요? 독재에 아부하며 살아 온 몰염치한 인생은 아닐는지요?

아! 그들의 독재! 보지도 못했나? 듣지도 못했나? 체험도 못 했나? "너희가 독재를 알기는 알어?" 이현령비현령, 마구잡이로 법을 무시한 고무줄 잣대로 생각과 입을 막고 그 서슬 푸른 독재를 잊었단 말인가?

자유를 외치다. 민주주의를 위하여 청춘을 받친 저들에게, 스러져 간 못다 핀 꽃들, 저 하늘의 별이 된 저들에게 누가 돌을 던질 수가 있단 말인가? 그 누가 감히 독재라고 입을 놀릴 수가 있단 말인가?

저들이 아니었다면 감히 대동 세상을 꿈꾸며, 대명천지 이 밝고 밝은 세상에서 자유를 맘껏 누릴 수가, 구가할 수가 있다는 말인가?

독재! 입에도 올리지 마라!
독재의 망령을 깨우지 마라!
더 이상 다시는.
아프다.

언론이 언론다워야

함부로 입을 놀리지 마라! 세 치 혀를, 세 치 혀에 놀아나지를 마라! 가장 어리석다 하리니? 인생이 어찌하여 얼토당토않은 파렴치한 남의 말에 놀아난다는 말인가요? 거짓 언론, 거짓 정보에 놀아난다는 말인가요? 그렇게도 줏대가 없단 말인가요? 그렇게도 지조가 없어 나팔수 노릇을 한다는 말인가요?

하늘이 무너져도 솟아날 구멍이 있다는데 웬 호들갑들이냐? 마치 무슨 큰일이라도 날 것처럼 반민주적이니 좌파니 우파니 독재 운운하며 국운이 다한 양? 곧 정권이 망할 것처럼, 나라가 망할 것처럼, 입을 함부로 놀린다는 말인가요? 망국의 허망한 길로 가려는가요? 어찌하여 진실을 왜곡하고, 입신양명, 출세의 길이라면 수단과 방법을 가리지 않는 몹쓸 짓을 눈 깜짝하지 아니하고 속인단 말인가요? 철면피 같은 언론이라는 탈을 쓰고, 지상파니 공중파니 지상신문이니 다양한 매체를 통하여 거리낌 없이 생산하고 있으니 통탄할 노릇이지요. 통렬하게 가짜 정보를 거르지도 아니하고 저들의 나팔수, 앵무새처럼 나불대는가? 엄히 다스려야 하지요. 공공에 해악을 끼치는 매체는 퇴출시켜야 하지요.

아프리카 초원의 누 떼처럼 막다른 골목과도 같은 절벽으로 몰아가는가? 나라의 흥망성쇠는 아랑곳하지 아니하나요. 개인의 부귀영화 영달을 위해서, 거짓 정보에 속지 마라! 민의를 호도하는 그릇된 언론들, 소위 말하는 언론이라는 탈을 쓰고 편향된 저들에 소리에 놀아나지 말아요? 오늘도 정의에 목숨을 걸고 외치는 자의 소리를 들어라! 얼마를 더 살아가겠다고 양심의 소리마저 외면하는가요?

정론직필,
언론이 언론다워야 나라가 산다. 국민이 산다.
나라가 있어야 언론이 있다.
국민이 있어야 언론이 있다.

200903

작금의 시류, 물로 보이더냐

눈을 뜨면 어김없이 뉴스를 접하지요. 어쩌고저쩌고 미주알고주알 새벽 대찬 바람에, 머리가 땅하지요. 골을 때리지요. 이 편 저 편 갈라서 앉혀 놓고 마른 말고기 씹듯이 씹어 대는 토론에 그만 대경실색, 화들짝 아연실색이지요. 서로서로 무슨 철천지원수가 졌는지, 웬 씹을 거리가 그리도 많은지 전후 사정은 아랑곳하지 않고 쩝쩝 입맛을 다시며 날카로운 이빨로 인정사정없이 마구 씹고 있지요.

처마 밑에 달아 놓은 누렇게 말라 찌들대로 찌들은, 비틀어질 대로 비틀어진 명태 노가리를 씹는 것처럼, 구라파 전장에서 말라비틀어진 딱딱한 말고기를 씹는 것처럼 씹어야 제맛이라지만 아무리 그래도 그렇지, 보기에도 듣기에도 좀 그렇지요. 괜스레 화가 나지요. 백성이 물로 보이는지? 더는 안 되지요.

아! 하늘이 노랗게 뱅글뱅글 돌아간다. 뒷목이 뻐근뻐근하게 당긴다. 뭐니 뭐니 해도 믿을 것은 하늘이요, 보호해 주어야 할 곳은 국가인데, 국가가 이전 세대보다 너무나도 좋아져서, 복에 겨워서

물로 보이나 보네요. 그래요, 물로 보인다? 다음에는 먼 옛날처럼 아주 지독하고 지독한 독재자가 필요할 것 같아요. 보자 보자 하니 그렇지요. 아주 독한 독재자가 강림하셔서 머리서부터 발끝까지 가차 없이 곤봉 세례를, 박이 터지도록 흠씬 두들겨 맞아야 할는지? 미안하지만 그래야만 정신들 차리려나? 정신들 차리세요. 그리하면 퍽이나 좋을까요?

아니면 좀 그렇긴 하지만, 아주 외람되고 외람된 미안한 말씀이지만, 일인지하 만인지상이라는 못된 전제주의 지도자가 보란 듯이 나타나서 툭하면 개 끌려가듯이 관아로 끌려가서, 넓적한 눈가래 같은 곤장을 맞고, 흰 광목 속옷이 터지고 속살이 터지도록 흠씬 두들겨 맞아 찍소리도 못하고 석 달 열흘씩 누워 지내야만 하겠는지요? 나날이 서러워 벽을 안고 옷고름을 물고 오열하는, 그런 된맛을 보아야만 하겠단 말인지요? 그래야만 알 것인가요? 그래서는 안 되겠지만 아무튼 오죽하면.

이스라엘 민족이 그랬지요. 하나님께 반기를 들고 요구했지요. "이방인들에게 있는 왕을 우리들에게도 주소서! 주소서!" 하여 하나님이 허락하시며 말씀하시기를, "왕에게 속박을 받으며 자유롭지 못할 텐데, 그래도 왕을 세워달라는 것이냐?", "그래도 주소서! 주소서!" 하여 사울 왕을 시작으로 왕의 다스림을 받았지요. 솔로몬 이후 채찍과 몽둥이로 이전보다 더욱 엄히 다스리겠다는 르호보암으로 인하여, 여로보암과 르호보암이 각각 갈라서서 북이스라엘과 남 유다로 나라가 분열되었지요. 민족이 찢기고 갈라져서 무고한 백성들은 평지풍파 큰 환난으로 고생하다가, 결국에는 시드

기아 왕 때 거대한 왕국 바벨론의 무자비한 침략으로 죽고 일부는 포로가 되어 끌려가게 되었지요. 얼마 후 다시 돌아오지만 종국에는 로마의 속국이 되었고 나라 없는 백성들이 되어, 각각 산지사방 세계로 흩어져서 디아스포라, 의지가지없는 방랑자가 되었지요. 근세에는 무모한 독일의 유대인 말살 정책으로 육백만 명이나 무참히 희생되는 잔혹사를 겪어야만 했지요. 이후 시온이즘운동이 일어나 고토 시온으로 돌아왔지만, 팔레스타인과의 악연으로 전쟁이 끊이지 않는 세계의 화약고가 되었지요. 지금도 하마스와 헤즈볼라라는 반이스라엘 단체와 힘겹게 싸우며 불안한 삶을 살아가고 있지요? 돌이킬 수 없는 애석한 일이지요. 이것이 성경의 말씀이자 이스라엘의 흑역사입니다.

작금 우리나라는 어떠한가요? 또다시 전체주의 독재로 돌아가 민권 신장을 운운하며 고생고생, 개고생을 할 텐가요? 땅을 치고 통곡할 일이지요. '그저 조선 놈은 두들겨 맞아야 정신 차린다'는 옛말이 있지요? 민족의 말살 정책으로 나라와 선량한 백성을 얕잡아서 보는 말이 아니던가요? 일제 치하, 이국에 나라를 빼앗기고 수탈, 오욕의 역사로 점철된 서러움을 잊었다는 말인가요?

역사는 돌고 돈다?
역사는 반복된다?
끊임없이,
대비를.

국정감사, 꿍짝이 맞아야

남녀 사랑도 여보! 당신! 은행나무도 암수 마주 보아야 생산이 되고 가정을 이루고 국가를, 유구한 역사를 이루어 대대세세, 만세, 만만세이지요. 하룻밤에도 만리장성을 쌓는다고? 마주하고 주거니 받거니 꿍짝이 맞아야 하지요. 하물며 국가야 더할 나위가 없지요. 매년 가을이면 국정감사가 시작되지요. 때가 때인 만큼, 국정감사는 국가의 살림살이 전체 구석구석을 샅샅이 살펴보고 그릇되었다면 과감히 다스리고 바른 대안을 제시하는 연례행사나 다름없지요.

그렇습니다. 감사하는 모습들을 보노라면 속이 뒤집어집니다. 무얼 하는 작자들인지? 똑소리 나는 지적, 똑소리 나는 대안을, 한 방 없는 빈 들판에서 변죽만 울리고 있으니, 보는 국민만 심기가 불편하지요. 어찌 된 영문인지 판만 벌이면, 무엇이 그리도 안 맞는지? 여야 고성과 삿대질에 이게 나라냐며, 그렇다면 당신들은 그동안 무얼 했단 말인가?

나라 살림 어떻게 살았는지 반성의 기미는 없고 부끄러운 줄 모르는 철면피들, 낯짝에 철판을 깔고, 강 건너 불구경하듯이 나 몰라라? 그래야 산다더니 하다 하다 별짓, 별소리를 다 듣고 사는 요즈음이지요. 다름 아닌 콩가루 집안이지요.

말라비틀어진 말 뼈다귀를 씹었던들 씹힐 것이며, 물고 뜯는다고 뜯길 것이며, 야단법석 불끈불끈 소란을 피웠던들 자중지란, 꼴불견 가관일 뿐이지요. 오장육부가 뒤틀려 토할 것만 같으니, 좌불안석, 가시방석이지요?

딴에는 일했답시고 말들 하겠지만, 어디 눈꼴 사나워 보겠던가요? 민생들은 사각지대에서 의식주를 걱정하며 밤마다 엎치락뒤치락 베개를 몇 번이고 고쳐 베며 밤잠을 설치며 지새우는데, 국민들의 답답한 그 심정은 아랑곳하지 않고 안중에도 없으니 어이할꼬? 어이하면 좋으랴?

사문화되어 가는 국민소환제 도입으로 탄핵 소추를 해야겠어요. 좋은 법을 놔두고도 활용하지 못하니 말 그대로 무용지물이지요. 콩 타작하듯이 두들겨 패고 빈 쭉정이를 골라내는 기계, 집게라도 만들어 집어냈으면 좋으련만, 저들만이 살겠다고 찰거머리들처럼 꿈쩍도 아니하니, 이런들 저런들 어찌하리, 어찌한단 말인가요? 하시라도 시원시원하게 토해 낼 수만 있다면 좋으련만, 저 군상들을 단박에 끌어다가 나이 수만큼 앞뒤 볼 것 없이 곤장이라도 쳤으면, 속이 다 시원하겠지요?

호되게, 따끔하게 적법한 대안을 제시하고, 사각지대를 없애기 위한 법을 촘촘히 만들어 내야지요. 맡겨진 본연의 임무가 무엇인가요?

이런 나라 어떠세요

안전한 나라!
부강한 나라
살맛 나는 나라
너도나도 잘 사는 나라
억울한 국민을 만들지 않는 나라
물려받은 강토를 잘 지키는 나라
그런 나라를 만드는 것이 아니던가요

만들어 보세나!
누가 봐도 일 잘하는 지역 대표들을
얼마나 좋겠는지요, 속이 후련하게 살맛 나는 세상
꿍짝이 맞았으면 좋으련만
또 김칫국부터 마셔 본다
잘되기를 바라며.

201103

검란, 뉴스를 보며

언제 어디서 들었는지 초등학생들이 "엄마! 검란이 뭐냐?", "웅, 계란을 검사한다는 뜻으로 검란이라고 하지?", "알을 검사하는 것이지. 즉, 계란을 부화시키기 전에 병아리가 태어날 수 있는 씨가 들어 있어 깨어날 수 있는 계란인지 씨가 없어 깨어날 수 없는 계란인지를 검사하는 것이란다. 즉, 아빠 씨가 있는 유정란인지 씨가 없는 무정란인지, 검사를 하는 거란다.", "그럼 병아리가 태어날 수 없는 계란, 못 쓰는 계란은 골라내는 것이네요?", "웅, 이를테면 그렇지."

사회 초년생 청소년들이 또한 물어 온다. "요즈음 검란, 검란 매스컴에 오르내리던데, 그것이 무슨 뜻인가요?", "음, 그것은 말이야, 국민의 염원인 검찰 개혁을 하는 데 있어서 억울한 국민을 만들지 않는, 보다 나은 검찰이 되도록 국회에서, 즉 국민이 원하는 검찰 개혁을 하려는데, 검찰에서 국민의 뜻은 아랑곳하지 않고 개혁을 반대하고 있는 것을 보고 하는 말이란다. 즉, 검찰 개혁에 검사들이 반기를 드는 모습을 보고 검란이라고 하는 것이지?"

민주주의 근본은 주권 재민, 국민에게 있다는 것이다? 국민의 존재를 부인 부정하고 국민으로부터 나오는 권력을 보기 좋게 내동 댕이치고, 혹여 짐이 곧 국가라는 무소불위의 권력으로 착각하고 있지는 않은 것인지 모를 일이지요. 오만불손 권력을 자랑삼아 안하무인, 국민이 위임한 권력을 마구 휘두르고 있다는 것이지요? 겁도 없이 국민 알기를 옆집 똥개 쳐다보듯이 하고 있다는 것이지요? 막무가내 깨춤을 추고 있다는 것이지요?

망나니 칼춤을 추듯이, 그곳이 바로 검찰이라는 것이지요. 추상 같은 국민을 기망하는 그런 자들이, 조금도 제재를 받지 아니하고 피 맛에 취한 자들, 개혁을 반대하는 난을 아는지 모르는지 일으키고 있다는 것이지요? 나쁜 검사, 못된 검사들은 수사를 제대로 하지도 않고 사돈에 팔촌 이르기까지 인맥을 통해 들어오는 청탁에 모르는 척 눈감아 주거나 조작하고 덮어씌운다는 것이지요? 공공연히 그런다나 어쩐다나, 말도 많고 탈도 많지요? 이런저런 장안에 소문이 쫙 퍼져 있다는 것이지요? 일부 입법권자들은 뒷짐을 진 채, 강 건너 불구경을 하고 있지요? 바꾸어 생각해 보면 저들도 언젠가는 걸려들 수도 있는데 말이지요.

왈 "아니, 그렇다면 계란을 검란하는 것처럼 골라내면 되겠네요? 그런 검사들은 인정사정없이 법에 따라 소추, 탄핵을 하면 되겠네요?", "그래, 그 말도 한편 일리가 있다?", "골라내면 된다?", "그거딱이야? 계란을 고르듯이 검란, 검찰 개혁에 죽자 살자 반기를 드는 검란?" "나쁜 못된 검사들을 인정사정없이 싸그리, 계란 검란하듯이 싸그리 골라내야지?", "그래, 지극히 온당한 말이다?" 국민이 부여한 책무를 망각하는 자들, 망각하지는 말아야 할 텐데.

너도 나도 변화되어야 산다.

암! 그래야지?

아자! 아자!

필승!

부끄러움, 유독 인간만이

이 세상 덕목 중에 가장 큰 덕목은 무엇일까요? 생각하기에 따라 다르겠지만, 다름 아닌 부끄러움이지요. 만약에 그 부끄러움이 없다면, 무질서에 강자만이 살아남는 약육강식의 끝판을 처연히 목도해야 하지요. 뿐인가요? 아! 생각하기조차 힘들지요. 일일이 하나하나 열거하기에도 힘들지요. 금수에 지나지 않는 인간답지 못한 측면에 도달할 것이기 때문이지요. 특히 사랑싸움에 성적 수치심, 부끄럼이 없다면 금수와 다름없지요. 인간의 기저에 부끄러움이 있기에 그나마 약자가 살아갈 수 있지요. 사회의 질서, 공공의 질서가 유지되고 사회의 존립이 가능하지요.

개, 고양이, 닭 집짐승과 호랑이, 사자, 표범, 늑대, 등 광활한 초원의 짐승들을 보라! 저들은 부끄러움이 없지요. 저들의 사회, 생존 방식을 잘 알 수는 없지만 모르긴 해도, 오직 생존의 본능만이 있을 뿐입니다. 유독 인간만이 부끄러움을 가지고 있지요.

사람이 사람답게 존재할 수 있는 이유는 부끄러움에 있다고 해도 과언은 아니지요. 만약 부끄러움이 없다면 상상하기조차 힘들지요. 윤리 도덕은 물론 약육강식, 적자생존, 약자는 힘 있는 강자의 등살에 살아남지 못할 것입니다. 승자 독식이 비일비재, 노골화되어 모든 면에 있어서 사회생활의 질서가 깨어지게 될 것이기 때문이지요. 생각만 해도 끔찍하고 아찔한 일이지요.

정신세계의 근간은 브레이크 페달과도 같은 부끄러움, 부끄러움에 있지요. 부끄러움은 최고의 덕목이자 지켜야 할 가치입니다. 인류공영의 번영에 없어서는 안 될, 지대한 가치이자 덕목이지요. 교육의 목적이기도 하지요. 어딜 가나 부끄러움의 덕목이 살아 있기를 손 모아 바랄 뿐입니다.

소위 왈, '내가 나라고 윗동네에서 활개를 치는 이들을 바라보노라면 저들에게 진정 부끄러움이라도, 적어도 있는 것일까?'라는 생각이 들지요. 무슨 사건이 터질 때마다 언론은 사건을 호도하고, 정치는 모르쇠로 일관하는 모습을 볼 때 과연 저들에게 일말의 양심, 수치심, 즉 부끄러움이 있기나 한 것인지 의구심이 나지요. 그들에게 부끄러움이 되살아나기를.

사회 존립에 있어야 할 가치는
초고의 덕목, 수치심,
즉 부끄러움이다.

아빠 찬스, 엄마 찬스

또 한 건 오지게 터졌네요. 아빠 찬스, 엄마 찬스. 돈 있고 권력이 있으면 다 그렇게 하는 것인가요? 내로남불이라더니, 때마다 일마다 건건이 걸고넘어지더니 보기 좋게 딱 걸렸지요. 세상에 누가 누굴 흉보리요만, 부메랑이 되어 돌아올 줄이야 미처 어찌 알 수 있었겠어요? 장안 저작거리에 방이 붙고, 소문은 삽시간에 팔도강산을 떠들썩하게 들었다 놓았다 심기를 건드리는 불편한 화제가 되고 말았지요. 어쩌고저쩌고, 미주알고주알, 질긴 마른 말고기 씹듯이 며칠째 인정사정없이 짓이겨 씹어 대고 있지요. 또, 씹히고 있지요.

심심해하던 차에 얼씨구나! 때는 이때다. 네 편 내 편, 백군 청군 편을 갈라 장군 멍군 주거니 받거니 하다가 급기야 가십거리를 찾았다고, 잘 걸렸다, 히죽히죽거리고 있습니다. 이구동성 입방에 올라 망신조 자리 입소문이 자자하지요. 어쩌다가 이 지경이 되었단 말인가요? 줄을 섰거나 말거나 새치기, 끼워 넣기, 옆문으로 슬쩍슬쩍 들여 보내고는 제힘으로, 제 실력으로 들어갔다고 저토록 우기니 대명천지에 철면피에다 벽창호가 아닌 다음에야 저리할 수가 있단 말인가요? 천하만국에 모를 사람이 없건만, 삼척동자도 알 수 있을 텐데 말이지요. 그 버릇 개 주냐고요? 언제까지 아빠 찬스, 엄마 찬스, 그렇게 할 것인가요? 그 못된 짓들 관짝에 넣어 갈 참 인가요? 넣어 갔다가는 하나님께 죽사발이 나겠지요? 찬스, 찬스 좋아하다가 그것이 족쇄되어, 망신살에 패가망신 당할라. 조심들 해야지요.

그렇습니다. 말 많던 아무개, 아무개, 웬만하면 다 아는 이들입니다. 쪽팔릴 일 하지를 말지. 망신살을, 어디 한번 들어나 보자고요. 철면피 아전인수 그럴 수가 있나요? 모르는 척, 근엄한 척, 거룩한 척, 척척하더니, 으쓱으쓱 으스대더니만 이게 뭐람. 본인은 남들의 흉허물을 막무가내 들추어내며 막말들을 보란 듯이 투척하였지요. 오물을 마구 쏟아냈지요. 가슴에 못이 박히도록 비틀고 비틀어 댔지요. 새끼 꼬듯이 꼬아 대더니만, 보기 좋게 긍정도 부정도 못 하고, 빼도 박도 못하고 딱 걸렸지요.

다름 아닌 소위 왈, 하나같이 어쩐지 그러면 그렇지. 혀를 끌끌 차며 영락없는 아빠 찬스, 엄마 찬스라고 비웃음을 샀지요. 그러고도 남들에게 지적질을 했나요? 그것도 밥 먹듯이, 수도 없이 쪼아 댔다는 말인가요? 아연실색 헛웃음만이, 허허, 참, 그것도 부귀와 문벌을 얻기 위해 세습했다 이거지요? 부당하게.

즉, 대물림, 팔은 안으로 굽는다고, 인지상정이라고 말할는지는 모르겠지만, 그러할지라도 공인이 그리할 수는 없지요? 참으로 씁쓸하지요. 아주 밥맛이지요. 그랬으면 말을 말든지, 누가 누구의 흉허물을 들추어내며 말할 수가 있단 말인가요? 이 세상에 의인은 없다고 말을 하지요? 오직 한 분만이? 성경에 나오는 말씀입니다. 이 글을 쓰는 저도 예외일 수는 없지만, 참 가련들 하지요.

수신제가 후에 치국평천하라고, 벼슬길에 나아가려면 자신을 깨끗이 하고 처자식과 친인척부터 단속하고 다스려야 한다고 하지요. 그리고 나라를 다스려야만 한다는 것이지요. 그래야만 소리 소문 없이 나라가 태평하다는 말일 테지요? 예나 지금이나 자신이 꾸리면 대중 앞에 큰소리칠 수가 없지요. 유념해야 할 일입니다. 말에나 일에나 반칙만은 삼가야 하지요. 어찌 보면 잘되었다고 방심하다가 혀를 찔리고, 큰코다치고 마는 형국이지요. 급기야 골인 지점에서 그만, 하늘 높이 똥 볼을 차는 격이 되고야 말았지요. 아연실색, 하늘을 쳐다보고야 말았지요. 야속하게도 허탈함을 맛보고야 말았지요.

자숙하세요. 자숙을 탁발하시고 석삼년을 묵언수행, 참선수행, 수신제가 후에나 정계에 나오시든가요. 아니, 아니지, 야속하겠지만 공분을 산 이상 정계에는 보기 좋게 얼씬도 못하게, 다시는 영원히 퇴출을 시켜야 하지요?

그러고도 민의를 대표, 대변하겠다고 나오면 국민에게 지역 사회에 대한 예의가 아니지요. 어느 누가 믿어 줄까요? 물론 믿어 주는 그런 자들도 있지요? 얼빠진 얼간이 주권자들이 있다는 사실에 화들짝 경악할 뿐입니다.

애당초 하지를 말아야지, 아빠 찬스, 엄마 찬스를. 혹세무민이라더니 국민을 우롱해도 유분수입니다. 이제는 내려놓는다며 대놓고 탈당하고, 무엇이 아쉽고 미련이 남았는지 다시 도전하겠다고, 심판을 받겠다고 손을 싹싹 비비며 표를 구하는가요? 더더군다나 철새그룹에 입문하고 난 후 선언을? 그럴 푼수면 철새 도래지에서 철새들과 함께 놀아 주는 것이 훨씬 나을 듯합니다. 다시는 선거판에 기웃기웃 넘보지 말기를.

때론 인생은 나그네 같은, 세월에 쫓기는 신세이지요. 그런가 하면 참 몰염치한 극치에, 매몰차기도 하지요. 그렇다고 지조가 없이, 지조를 헌신짝처럼 어디 물레방아 돌아가듯이 해서야 되나요. 개만도 못한 인생이 아닐 수 없지요. 불편한가요? 매정하다 못해 야속하다고요? 속 쓰리다고요? 속 쓰리고 애타는 건 당신들을 뽑은 유권자들이지요. 불쌍하게도.

누가 누굴 말할 수 있으리오? 하지만 불견, 불문, 불언으로 살아가기엔 너무너무 배알이 뒤틀리지요. 세월이 약이라고, 그러기엔 국민은 속이 쓰리지요. 이 글을 쓰는 나도 속 쓰리고 불편하기는 마찬가지이지요.

세월

한 세대는 가고, 또 한 세대는 오는 것
세월은 가고 오는 것, 오고 가는 것
어찌 세월을 거슬러 살려만 하는가?
어찌하여 잊었는가

까마득히

세월을 거슬리지 마라
막을 수 없는 세월, 세월이다
물처럼 흐르는 세월을 어찌 막을쏘냐
흐르는 대로 살자
인생들이여

아빠 찬스 엄마 찬스
그거 할 짓이 아니다
더더군다나 공인이라면
필히
자중을

팔영산 야인 정치사회 고군분투기

조악한 인생들이여

하늘 아래 머리 둔 조악한 인생들이여
태초의 하늘이 열리는 개명 이래
누릴 문명 저들끼리 다 누리면서
무엇이 그다지도 부족하여
살풀이 망나니 칼춤을 추려는가
호사하게

정치를 한답시고
정해진 궤도를 탈선하고
안하무인 하늘의 질서를 비틀고
하늘을 찌를 듯 무시하며, 하늘 무서운 줄도 모르고
가당찮은 철밥통만 끌어안고 한강수 타령만
누굴 위해 누구 위에 군림하려는가
천부당 만부당 온당치 못하게
눈을 치켜뜨고

낮추라

그것이 살길이다

조악한 인생들, 당신들이

성 착취 노동 착취 정신마저 피폐하게

보란 듯이 송두리째 빼앗고

큰소리를 치며 약자의 목을 비틀고 비틀어

고혈을 짜내고 짜내어

그리도 좋더란 말인가

반칙과 세습으로

세세 명문세가를 이루어 호의호식하겠다고

대대 누굴 위해

무저갱 팔자가 되려는가

후일에

정치 경제 종교

샅샅이 어느 것 하나

섬긴다며 하나 주고 열 개를 챙기는

저들만의 감싸기 저들만의 잔치 블루오션

예수님이 부처님이 그리하라 하더냐

그러라고 어미 애비, 그렇게 가르치더냐

얼간이 칠푼이들처럼

들러리에 놀아나는가

조악한 인생들이여
아서라, 말을 말자
오늘 밤 삼지창에 옆구리를
동아줄로 너의 영혼 끌고 가면
되고 말고 쌓은, 노적가리 어이 두고 가려는가

서슬 퍼런 백 보좌심판
활활 타오르는 유황불 못에
어찌어찌 그 고통 감당하려는가
그 죗값을
어찌.

210111

복장이 터져서

바보상자를 바라보다가 창자가 꼬이고 복장이 터져서 채널을 돌렸습니다. 보는 시간이 아까워서 돌렸습니다. 말이면 다 말이냐. 꼭지가 있어야지요? 가짜가 진리인양 생각 없이 말이면 다인가요? 말도 말 같은 말을 좀 해라? 말하는 이나 믿고 보는 이들이나, 불쌍하고 가련하지요. 어찌하면 좋단 말인가요? 저 작자들을.

우기기는 어지간히 우겨라? 생각이, 머리가 곤두섭니다. 피가 거꾸로 솟을 지경이지요. 기껏 하나님의 말씀을 먹고 산다는 천국 백성들이라는 작자들이 우겨도 어찌 저리도 우길까요? 일호의 가치도 없는, 말도 말 같지 않은 일을 가지고 코로나19로 뒤집어진 세월 이 마당에 웬 가짜 뉴스도 그리 많은지, 복장이 터져서 속이 뒤틀려 토할 것만 같지요. 부글부글 불편하기만 하지요.

코로나19 시대를 지나며 중차대한 엄중한 이 시기에 하나님의 백성이라며, 이웃은 아랑곳하지도 않고 그게 성현들의 가르침이더냐? 예수님의 가르침이더냐? 저 믿음만 믿음이라고 저 말만 저 말이라고, 아서라! 낯뜨겁지요.

　　　　　　　　　　팔영산 야인 정치사회 고군분투기

저만 하나님을 봤다고, 만났다고, 그리 요란스럽게 믿는다는 것인가? 아니면 무엇인가? 믿는 자는 하나님을 경외하고, 범사에 그를 인정하며 구원자 하나님을 사랑하며 이웃을 사랑하는 것이 아니던가? 그것이 믿음의 근간일진데? 어림 반 푼어치도 지극히 작은 자에게, 이웃을 사랑하고 겸손히 대하는 것이 하나님을 사랑하는 것이요, 그를 섬기는 예배의 삶일진데? 툭하면 하나님 핑계를 대고 생무살인이라고 어설프게 선무당짓 작작 하고 욕보이지 마라? 불경스럽습니다. 되고 말고 형편없이 진리를 진리로 인정하지 못하고 허공에 애달픈 메아리만, 누가 누구를 가르치고 인도하겠단 말인가요? 내 앞가림도 못 하지만 그저 복장이 터지지요.

오늘도 진종일,
내내.

돈이 문제로다

남도에도 혹한의 바람이 쌩쌩 불어오지요. 얼어붙은 차디찬 뉴스들이 문풍지를 헤집고 달려들지요. 온종일 내내 끝도 없이 대차게 몰려옵니다. 매몰찬 뉴스에 심경이 복잡합니다. 조용조용 살아가려고 했건만 어디 조용히 살아갈 수가 있겠단 말인가요?

돈은 인생사에 없어서는 안 될 필요악이지요? 뗄 수 없는 불가분의 관계이지요? 돈, 돈이 문제이지요? 돈은 개도 안 물어 간다는데, 사람은 얼씨구나 게걸스럽게 맛있게 잘도 먹지요. 징글징글 정나미가 떨어지도록 게걸스럽게 마구마구 먹다가 탈이 나기도 합니다. 체해서 영락없이 토하기도 합니다. 죽든지 살든지, 배 째라고 똥배짱으로 억지를 부리다가도 언제? 종국에는 꼴사납게 철창행도 마다하지 않습니다. 그런 한심한 이들이 제법 있지요. 돈이 사슬이 되어 옴짝달싹 낭패이지요. 돈줄에 묶인 한심한 이들.

돈은 사람처럼 발이 달려 있지요. 쫓으면 쫓아갈수록 저만치 줄행랑, 달아나기도 하지요. 쫓으면 쫓을수록 비웃듯이 자꾸자꾸 이리저리 멀어져만 가지요. 그저 성실하게 묵묵히 황소처럼 우직하게, 부지런히 일하고 기다리면, 저 좋아하는 기색이라도 보이면 따라올 수도 있을 테지만, 귀찮을 정도로 굴면 저만치 도망을 가지요.

돈은 좋든 싫든 염치 불구 너나없이 한평생 구질구질 넉살 좋게도 꽁무니를 붙잡고 따라다닙니다. 혹여 사고라도, 건강이라도, 관혼상제에도, 저승 가는 데도 노잣돈으로, 천국 입성 면죄부로도 쓰이지요. 돈, 돈, 돈은 끼일 데 안 끼일 데 오만 데 칠푼이처럼 주저함이 없지요. 푹푹 빠지는 수렁논 찰거머리들처럼, 빨판으로 찰싹 들러붙어 천금 같은 피를 사정없이 빨아 대지요. 옹골차게.

개미지옥, 개미귀신

능력 중에 최상의 능력은
권력, 재력이라고, 권력이 있든지, 재력이 있든지
둘 중의 하나만은 필히 있어야 한다고
말하더이다

감투도 써 본 사람이
돈도 써 본 사람이, 고기도 먹어 본 사람이
마치 늑대가 피 맛에 취하듯이
헤어나질 못하고
감투, 감투, 돈, 돈, 돈 하다가

개미지옥에 빠져
개미귀신에게 그만 쓴맛을
뛰어 봤자 벼룩이다

권불십년 재불십년, 화무십일홍이다
뜬구름 잡지 말아라 잡았던들
천년만년 이고지고 살 것인가
부질없음을, 없으면 어떤가
이렇게 살면 될 것을
개미귀신에게
그만

죽기 살기로 미련하게
마구잡이 서천에 뜬구름 잡듯
돈, 명예만 끊임없이 좇다가
영어의 몸이, 뛰어 봤자 벼룩이라는데
대자연 앞에 무릎을
개미지옥 개미귀신
돈, 돈, 돈

돈, 명예는
개미지옥 개미귀신이다
외양간 매인 소처럼

오늘도 맴맴 맴을 돈다
속절없이

돈 때문에 죽고 살기도 하지요. 죽을 목숨 살리기도 하지요. 산 목숨 죽이기도 하지요. 몹쓸 곳에 갇히기도 합니다. 긍정도, 부정도 한 몸에 받습니다. 인생 귀천이 없다고 하지만, 있으면 귀하게 없으면 천하게 대접을 받지요. 돈 때문에 오랏줄에 묶어 철창에 갇히기도 하지요.

어떤 이는 돈이 없어서 알토란 같은 귀한 삶을 포기하기도 하고, 돈이 있다고 돈맛을 알아 죽지 않으려고 발버둥을 쳐 보지만 종국에는 욕심만 부리다가 개미지옥, 돈독에 빠져서 개미귀신에게 개미처럼 아뿔싸! 죽임을 당합니다. 어떤 이는 저승사자에게 끌려가면서도 돈타령하고 눈총을 받으며 도깨비방망이로 호되게 맞지요. 어떤 이들은 섬기고 나누어 주어서 홀가분하게 떠날 수가 있지요. 천군천사에게 환영을 받으며 높이높이 들려 가기도 하지요. 허, 허, 조화로다. 바람에 이리저리 날아다니는 가랑잎 같은 돈이 문제이지요.

돈은 사고뭉치 사회악이기도 합니다. 인간사 각종 사고의 깊은 기저에는 돈이라는 더럽고 치사한 놈이 뱀처럼 똬리를 틀고 혀를 날름날름거리고 있지요. 동분서주 바삐, 바삐 삼킬 자를 찾지요. 돈의 덫에 욕심의 덫에 아차 방심하는 순간 걸려듭니다. 과거 제일 가는 굴지의 한 기업인이 한 권력자의 손아귀에서 무장 해제 당했습니다. 무방비 상태로 희생양, 제물이 되었지요. 철창행으로 덜컹 철컥 갇혀 영어의 몸 되었습니다. 아니, 어쩌면 쌍방의 접촉 사고일 수도 있는데, 삐이익, 꽝꽝, 꽝 터졌지요.

돈은 좋고도 나쁜 놈! 괘씸한 놈! 코빼기도 못 볼 때가 있지요. 예측 불허의 알다가도 모를 놈이지요. 늘 조심조심 또 조심조심해야 할 놈입니다. 성경에 돈은 일만 악의 뿌리라고 말씀하십니다. 조심하랍니다.

돈은 요주의 인물임에는 틀림이 없지요. 돈, 돈, 돈이 문제지요. 돈이 오란다고 올 것이며, 가란다고 갈 것인가요? 돈을 다루기에 호락호락하진 않겠지만, 그럼에도 자유하자! 돈 때문에 인생을 버리진 말아야 하지요. 삶을 포기하진 말아요. 오늘도 내일도 말이지요. 언제나 쭉쭉, 기죽지 말고.

돈벌레의 사투

하필이면 똥 씹은 우거지상
이런 고난이 올 줄이야? 재수가 없다
우라질!

돈벌레의 절규!
안 돼! 안 돼! 안 돼!
달랑달랑 싸돌아다니다가 걸려든 것이

온갖 것 들이키는 싱크대 수채 구멍
반질반질한 싱크 홀에, 구정물, 온갖 오물을 뒤집어쓰고
오르고 또 오르고 올라 보았지만
냄새 풀풀 하수구 하마 입에 빠졌다
원망도 했다, 대책 없이
영락없이

도무지, 체념하고 지쳐 있을 때
보이는 것은 동그란 노란 하늘뿐,
쏟아지는 요지부동 붙박이별들의 냉소
떠들며 지나가는 괴기한 사람들뿐
매정하고 무심한 인간들
눈길 한번 안 준다
야속타

선뜻 막대기를 아름다운 그런 사람 없나요
오늘도 구세주를 기다린다
모진 목숨 어찌하랴
돈은 빨려드는 수채 구멍
돈벌레에게 소망을
하루속히

낙하산, 새삼 생각이

항간에 소문을 듣자 듣자 하니 화들짝, 별스런 야릇한 일이 다 있지요. 알 박기에 여념이 없다고 삿대질에 고성이 오갔지요. 이를 두고 공중에서 떨어지는 얌체족, 낙하산이랍니다. 일명 줄을 타고 떨어지는 고공 침투, 고공낙하훈련은 제대로 받았는지, 고공 침투가 전공인지, 관련 업무에 아무런 상관없이 내리꽂아 놓는답니다. 그간 여차저차 수고 많이 많이 했다고, 보은 자리를 만들어 준다는 것이지요?

엊그제 말도 많던 그이는 낙하산 부대를 나왔나, 특전사도 아니면서. 고관대작 자리가 탐나서? 권세가 무엇이기에 내 편이라는 이유만으로 얼토당토 여기저기 낙하산 투하를 한다고 야단법석이지요? 끝끝내 기를, 기를 쓰고 위험한 공중제비, 일언지하 거절하고 낙하산에 매달려 보란 듯이 안착하지요. 이 자리, 저 자리 죽을 때까지 자리를 꿰차고, 갈 자리, 안 갈 자리 점잖은 주제에 기웃기웃 발광 질이더냐? 내려놓을 수 있을 때 내려놓아라! 제 버릇 개 못 준다더니 자리 보전에 열불 내지 말아라! 낙하산, 언제까지 타려는가? 목이 부러질 때까지?

지난 세월 고관대작으로 부귀영화 누렸으면 그만이지, 그것도 모자라 대롱대롱 위태롭게 매달려 훈련도 제대로 받지 않은 채, 전공도 하지 않은 채, 전문 분야도 아닌 자리에 연연하면서, 아등바등 꼴에 분수 넘치는 푼수 자리 누리겠다고 대충대충 모르쇠로 일관하지요. 나라는 어찌 되든, 빙글빙글 회전의자에서 시간만 때우려 하는지? 고액 연봉에 개목다리에 목숨 줄을 거는 것인가? 낯짝도 두껍게 꼭 그리해야만 한단 말인가요? 이 자리, 저 자리 할 만큼 했으면 초야에 묻혀 그간 받은 은혜 나누고 섬길 것이지? 참말로 꼴에, 얼굴이 화끈화끈 달아오르도록 부끄럽지도 아니한가요? 끝날 날 채신머리 말이 아니지요.

공사, 공사, 무슨, 무슨 공사, 웬 공사는 그리도 많은지? 별 하나나 하나, 별 둘 나 둘, 무수히 헤아려도 부족하리만큼 손을 꼽으며 헤아리다가 숨넘어가겠어요. 기죽이는 낙하산 이젠 그만들 하자! 아니되오. 모든 일에는 금도가 있는 법, 낙하산은 이제 그만. 새삼 생각이 부끄럽지 아니한가요? 인간의 탈바가지를 쓰고 추잡하기 짝이 없지요. 적재적소에 사람을 잘 써야 하지요. 필요한 곳에 적절한 인물을 기용해야만 하지요. 그것이 국가를 국민을 위하는 일입니다.

인사가 망사가 되지 않도록
나라와 민족을 위하여
명심 또 명심.

부동산 투기들 작작 해라

왜들 이러나? 하지 말라는 짓 적당히 하시지. 여름날 논밭에 두더지 새끼처럼 사부작사부작, 슬슬, 눈치코치 없이 하다가 딱 걸렸지요. 그만 꼬리를 밟혀서 졸지에 옷을 벗었다는 소식이지요. 세상에나, 세상에나. 만천하에 영락없이 개망신을, 망신, 망신, 그런 망신은 없지요? 보기 좋게 당했다는 구슬픈 소식들이지요. 백일하에 드러날 일인데, 죽기 살기로 그 짓을.

불호령 큰소리로 번데기처럼 주름을 잡고 신이 나는 영달로 배두들기며 호의호식 호사에, 에헴, 목에 힘주고 살다가 집 투기, 땅투기, 투기 단속에 딱 걸렸지요. 어명으로 쌩쌩 찬바람 부는 날, 망나니 칼바람에 땡그랑 모가지를 당하고, 허리가 휘청하도록 천길만길 끝도, 끝도 안 보이는 캄캄한 무저갱으로 곤두박질 소스라치게 처박혔지요. 사람이 관 굴러갈 때까지는 입찬소리 못한다더니, 나락으로 떨어졌다는 비아냥거림, 이를 두고 하는 말일 것입니다. 조석지간 공기가 다르니, 알아서 엉금엉금 기고 납작 엎드려라! 그저 조심만이 살길입니다.

이런들 저런들 못된 관존들이 너무나 많지요? 심심산골 삼 칸짜리 오막살이에 살지라도, 말라비틀어진 지팡이에 부들부들 몸을 맡기고 근근득신 겨우겨우 간신히 구걸하여 한 톨 한 톨 주워 먹는 절름발이 걸인일지라도, 자존심에 개똥철학이라도 있습니다. 줏대 지조만큼은 짱으로 자존심은 있는 법이지요. 천덕꾸러기 상거지라도 팔자이거니 스스로 위로하고 내세 천국이라도 간다는 믿는 구석이 있고, 잘난 멋에 저 좋으면 그만이고, 치근치근 시비 거는 놈, 달라는 놈 없으면 그만이지요. 한 평, 몸 뉘일 곳 있으면 그곳이 무릉도원, 에덴이고 장땡이지요.

그런데 무엇이 부족해서 나라에, 조상에 망신살을 안겨 주나요? 그토록 오르려는 부동산을 죽기 살기로 껴안고 다들 부러워하는, 천금 같은 직장을 망신살이 뻗치도록 했더란 말인가요? 그리고도 부동산 중독 환자들처럼 투기질이더냐? 돈이 없어서? 달달이 손에 쥐어 주는 녹봉은? 그것이 적다는 말이더냐? 서민들은 꿈도 못 꾸는 녹봉일 테지만, 욕심 작작 부려라! 흰 쌀밥 먹고 할 짓이 그리도 없더란 말이더냐? 무모한 짓 하지를 말아라!

인생은 삼세판

삼세판,
하다 하다 기를, 기를 써도, 언감생심, 고사하고,
판판이, 산산이 부서지고 깨어지다가도,

끝판에 일어서면 된다는
소망을 가져라! 일어서리라는

순천 자는 내세에 소망이라도
역천자는 이를 어쩌나 이를
인생사 뭐니 뭐니 해도 머니라고
똥줄이 탄다
똥줄이

끝판에라도 일어서면 이만저만 그만이다
끝판이 중요하다
이것이냐? 저것이냐?
끝판이 문제로다
끝판이

210703

꾼은 꾼, 선거의 계절이

　녹음방초 꽃이 피고 벌 나비 날아드는 호시절, 바야흐로 꾼들의 시간이 어김없이 도래했지요. 용마를 탄 개선장군처럼 기호 깃발을 높이 들고 이 사람, 저 사람 선거판에 뛰어들었지요. 꾼들이 활개를 치는 바야흐로 선거의 계절이지요.

　혹자는 선거판에 숭어가 뛰니 망둥이도 뛴답니다. 어물전 망신은 꼴뚜기가 시킨다고, 깜도 안 되는 작자들이 되든 안 되든 뛰어든다는 말일 것입니다. 저 죽는 줄 모르는 불나방처럼, 아서라! 후회 말고, 알아서 하랍니다. 이 사람, 저 사람 하늘로 머리 쳐든 자들은 모두 설쳐 대니 가관이지요?

　그저 입은 싸 가지고 보기 좋게, 듣기 좋게 공정, 공정. 공정이 어디 말처럼 그리 만만히 보이더냐? 공정, 공정하지를 마라! 어느 집 똥개 이름이더냐? 공정이가 들으면 기분 나쁘지요. 공정, 공정 외치며 공명정대하게 하는 놈 못 보았습니다. 기억조차 없지요. 공정, 공정 기다리다가 돌아가시겠습니다. 다들 돌아가시겠어요. 약자나 빈자에겐 공허한 소리로만 들릴 뿐이지요. 홀러덩 벗고 빨간

불알을 내놓고 성장하기까지 그때부터 공정, 공정 소리를 들었습니다. 지금도 귓전에, 하늘가에 맴을.

말꾼, 사기꾼, 협잡꾼, 정치꾼, 꾼, 꾼, 꾼. 꾼은 꾼이로되 믿을 사람은 아주 없지요. 어찌 믿음이 안 가지요. 그렇기에 민주정치, 대의 정치 잊지 말세나! 이번만큼은 주권 행사 제대로 하자! 천 리라도 달려가자!

총성 없는 전쟁, 피 튀기는 선거의 계절, 한 민족, 한 나라의 흥망성쇠가 달려 있지요. 우리네 삶이 달려 있지요. 태평성대는 선거, 지도자에게 달려 있지요. 아무리 강조해도 지나침이 추호도 없습니다.

정신들 차리자!

선거

자고이래로 선거는 민주주의 꽃이다.
시끌벅적, 또 한 번의 선택
잘되어야, 잘 뽑아야
그것이 선거이다

찬스, 찬스, 아빠 찬스

자식새끼 키우면서 서모가 지도록 입찬소리를 못 한다고 하지만, 어디 한마디 해야겠습니다. 누구처럼 야멸차게 말은 못 하겠지만, 그래도 용기를 내어 한마디 하렵니다. 너머 아들 욕, 욕하더니, 파렴치가 따로 없지요. 요모조모 떼어 보면 볼수록, 갈수록 태산이라더니, 덕지덕지 꾸린 놈이 성낸다더니, 딱 그 짝 그 꼴이지요.

여태껏 내로남불 사돈 남 말 했으니, 더더욱이 장안이 떠들썩하지요. 망신살이 뻗쳐서 하늘같이 드높지요. 구경꾼들은 너털웃음에 파안대소, 손가락질에 비아냥이 그칠 줄 모르지요. 쥐구멍이라도 숨고 싶을 심정일 것입니다. 그럴 짓을 왜 한다는 말인가? 도무지 납득이 안 가지요.

인간의 욕심, 욕심, 돈, 돈, 돈은 한도 끝도 없으니 그냥저냥 욕심도, 돈도 그냥 두고 가야지요. 황천길, 천국 갈 때 가져가려는가요? 두고 가기에는 아까워서? 그 발걸음 어이하려나? 이고 갈래? 지고 갈래? 끌고 갈래? 가져가려면 짐꾼이라도 어서어서 예약을 해야지요. 황천길에 천국 길에 함께 갈 짐꾼이라도 있어야 하지요?

입맛이 쓰다, 쓰다. 밥맛이 쓰지요.

누런 가랑잎 같은 돈, 이 집 저 집 넘나들며 탐욕에 물들어 만신 창이가 된 돈이지요. 너나없이 돈이라면 사족을 못 쓰니 올무에 덫에라도 기를 쓰고 덤벼들지요. 한때 유행어로 "얼마면 되니, 얼마면?" 거들먹거리는 대명사가 되기도 했지요. 하늘의 뭇별들처럼 갖기를 원하니, 주기를 원하니? 용돈도 못 주는 다수의 어미, 애비는 뭐람? 낯 뜨겁게 아빠 찬스, 엄마 찬스. 소가 웃을 일이지요.

쓸개 빠진 사람들아! 애지중지 자식 농사 다 망치고 공공질서 안중에도 없으니 우리들이 사는 공동체를 야금야금 뜯어먹는 공공의 적은 아닐는지? 국민의 사기 저하에다 청년들의 이반, 나라 망칠 첩경이지요. 암 그럼, 그렇고 말고 여부가 있을까요?

저 자식만 잘되라고 호호 불며 먹이고 입히고, 하나님 이상으로 떠받들고, 이제 와서 오리발에 게거품까지 누구 보고 그리 발광질을 한다고 하더니? 내로남불 따로 없지요. 어디 어디 숨었는지, 고작 하는 짓들이 낯부끄럽습니다.

저들만 잘 살겠다고 국민은 안중에도 없지요. 청년들은 금은보화요, 미래의 자산인데? 더더욱 안중에도 없고 썩어빠진 동아줄을 붙잡고 아주 용을 쓰는구나! 용을 쓰지요. 세세 천년만년 대를 이어 잘 살겠다고 세습에 세습을 거듭하고 추구하다 결국은 단칼에 목 베임을 당하고 그만 고배의 쓴잔을 마시는 모습이 처량하지요.

너나없이 불알 두 쪽 달랑 차고 태어나지만 몇몇들은 태어나 보니 금수저요, 그리고 몇몇은 흑수저랍니다. 이 땅에 태어나 누구는 누릴 혜택 다 누리고, 누구는 쪽박 차고, 들판으로, 산으로, 누군들 그리 살고 싶겠는가요? 이보시게들, 섬기고 나누지는 못할망정 불성 사납게 이것저것 닥치는 대로 마구잡이로 밤낮으로 박박 끌어모아 어찌하려는가요? 지나친 욕심은 패가망신이지요.

그저 욕심에 이끌려서 노적가리 끌어안고 거무죽죽 불성 사납게 죽을 텐가요? 보란 듯이 돌아치는 그 모습들, 이래저래 눈살을 찌푸리게 하지요.

곧 때가 오리니 작작 하세나! 작작.

국민 고혈 빨아먹는 흡혈귀는 아니되오.

제발, 제발 정신만은.

작금, 집에 대한 보도를 보며

기축년 연초부터 지축을 흔들었습니다. 모 부동산 투기 사건으로 세상을 떠들썩하게 했었습니다. 언제까지 부동산 투기로 편히 쉴 집 한 채 없는 사람들에게, 서민들의 가슴에 몹쓸 대못을 야속하게 박을 건가요. 언제까지 그 짓을 할 것인가요?

집도 절도 없는 불쌍한 인생들 생각 좀 해라! 집 없는 서러움을 안다면 어찌 부동산 투기로 그 짓을 한다는 말인가요? 서민들에게 집 한 채씩 안겨 주지는 못할망정, 집 한 채 갖기를 소망하는 그 꿈마저도 빼앗는 셈이지요? 지엄하신 하늘 아래 어찌 그리할 수 있단 말인가요? 매정하다 못해 하나뿐인 목숨까지 빼앗는 것은 아닐는지요? 없는 자의 마음은 풍전등화, 바람 앞에 등불과도 같이 심란하게 꺼질 듯 꺼질 듯이 온통 녹아내리지요.

어림잡아 국민의 과반수가 있어야 할 집이 없다는 통계이고 보면, 오금이 저려 옴짝달싹도 못하겠어요. 그 수많은 집들 중에 집이 없는 서민들, 이를 어찌하면 좋단 말인가요? 어찌하면?

설움 중 제일 큰 서러움은 의식주입니다. 그중에 집 한 채 없는 서러움이 가장 큰 서러움 중 서러움이 아니던가요? 한 채도 없는 그 서러움을 위정자들은 알기나 한다는 말인가요? 제발, 가족의 보금자리인 집만은 아니 됩니다. 집과 땅은 단연코 투자, 투기의 대상이 아니지요. 훗날 큰 시세차익을 얻겠다는 알량한 생각으로 없는 자들의 눈에 피눈물을 흘리도록? 불로소득을 얻으려는 무자비하고 얄팍한 생각들은, 우리들의 다정한 이웃, 서민들을 죽이지요. 투기로 한몫 챙기겠다는 못된 발칙한 생각들, 더더욱 아니 되지요. 투자처가 그리도 없었단 말인가요? 아니, 집만큼은 아니 됩니다. 참말로.

사람이 한평생 살아가면서 집 한 채면 족한 것을 무슨 복도, 복도 그리 많아서 몇 채씩을 가지고, 아니, 수백 채를 가지고 보란 듯이 금수강산 곳곳에 난리법석을 떤다는 말인가요? 좋다는 이 세상 하직할 때에 지고 갈 건가요? 이고 갈 건가요? 한 번쯤 생각이나 해 보았단 말인가요? 전국 어디든 사재기, 투기가 웬 말이며, 싹쓸이가 웬 말인가요? 역지사지, 입장 바꿔 놓고 생각해 보면 그리 할 일은 아닐 듯싶지요. 듣자 듣자 하니 너무하다. 야속하다! 타는 가슴 너무 아리고 아프지요.

생사를 넘나들던 아비규환의 전쟁 통에도 선인들은 살아남았지요. 가난했던 야속한 그 세월 속에서도 살아남았지요. 하지만 그러기까지 집도 절도 없이 이 집 저 집, 전전긍긍 쫓겨 다녔지요. 그것도 자식들이 많으면 집을 얻지 못해서 남의 집 처마 밑에서 하룻밤을 웅크리고 지새웠던 일들이 엊그제 같은데, 그새 잊었단 말인가요? 그새 지난했던 그 세월을 잊었단 말인가요? 불과 얼마 전,

부모님들의 앞 세대, 고난의 기억조차 뼈아픈 슬픈 이야기이지요.

서민에 대한 배려는 눈을 닦고 살펴보아도 도무지 보이질 아니하니 야속하다 못해 참으로 매정하고 무심들 하지요. 이를 어이한단 말인가요? 집 없는 서민들의 아픔, 서러움을 두 번 다시는 나누어 주지를 말자! 그것이 위정자들이 할 일이 아닌가요? 어디 대답 좀 해 보시지요.

의식주는 선택이 아니라 필수입니다. 기본의 기본, 필수입니다. 집은, 주거는 더욱 더더욱 그렇습니다. 집만큼은 제발 아니 됩니다.

이젠 다 함께
우리 모두 도덕군자처럼 자알 살아 보자!
너나없이 집 한 채씩만 가지고
세계만방에 보란 듯이.

정치가 무엇이관데

저 애끓는 임들의 한 맺힌 피의 소리를
오직 양민을 위한답시고 귀를 막고 외면했을
핏빛 혈안으로 영달을 꿈꾸었을
위정자들이여

부당한 명령에 맞서
총 뿌리를 오직 힘없는 양민에겐 돌릴 수 없다는
분연히 일어난 임들이여
통일된 하나의 조국
무궁한 겨레의 번영을 외치던
임들의 소리 들리는가

정치랍시고
광복의 기쁨을 채 누리지도 못한
처절한 삶에 짓눌린 양민들, 가족을

정치가 무엇이관데 생사를 좌우지했던가
저토록

정치라는 미명 아래 당연시 여기고
남은 자의 삶, 존중받아야 할 인격
꽃대를 송두리째 꺾어 짓밟아 버리고
한평생 한 맺힌 삶 원혼으로
태초에 하늘이 허락한 삶
일가의 삶 임들의 삶을

정치는 생물이다
생활 곳곳에 사회 전반에 발 닿는 구석구석까지
남도 저 멀리 외딴 무인도 바다 끝까지
곳곳에 살아 숨 쉬는 생명체다
다루기 힘든 잘 다루어야 할 양날의 검이다
그렇다고 무고한 양민을
죽여서야

정치가 밥 먹여 주냐고
양민의 생사 여타 가부를 좌지우지하냐고
그렇다, 여순 사건이 그랬다

정치는

생명으로 먹고 입고 자는 문제
외력의 위험으로부터 보호하고
생사 여타를 책임지는 것이다
죽이지 않고 살리는 오로지 살리는 것이다
양민의 생명을, 삶을
그것이 정치다

그런데,
일천구백사십팔 년 시월 십구 일
정치는 무고한 양민을 무참히도 죽였다
남도 여수, 순천, 구례, 고흥 처처에서
정치랍시고

정치가 무엇이관데
그들은 힘없는 양민을 죽였다
총칼을 앞세워 광란의 핏빛으로 붉게 물들였다
땅을 바다를 하늘을

살려야 할 양민을
한 나라의 주인인 양민을
천길만길 다시 돌아올 수 없는 분토로
낭떠러지기 험악한 벼랑 끝 아래로
무자비하게 무참히도

하늘도 울었다, 땅도 울었다
저 해와 저 달은 안다

겨레여! 위정자들이여!
이제는 살리자!
양민을 임들을
다시

주권 행사, 선거가 답이다

우리는 보았다

오롯이 역사를, 일상을

저들의 간악함을 때가 때인 만큼 정신 줄 놓지 마라

들을 자는 들어라

늙은이 주책쯤으로 치부하지 말고

입만 더러워지지 않게

역시나 않기를

정치, 경제, 사회

그리고 특히 주권 행사 선거

크게는 인생사 생사가 걸린 문제다

과거가, 역사가 그랬고

현실이 그렇다.

정치, 선거

어느 집 똥개 이름이더냐

앞집 발바리 뒷집 똥개가 하는 것이더냐

정치, 선거 생각 없이 함부로 하지 마라

그저 오로지 입신양명을

부귀영화를 위한 꼼수에 지나지 않는 수작들을

어느 안전이라고 국민 앞에

나라야 지방이야 국민이야 어찌 되었건

임시 이익 줄 사람이 어느 사람인지

입만 가지고 눈만 꿈벅꿈벅하는

그 사람들의 몹쓸 놀음판에 휩쓸리지 마라

지조 없이 건들면 발라당 넘어지는 똥개가 되지 마라

감언이설, 유혹에 정신 줄을 놓지 마라

똥개 새끼 똥 냄새 맡으며

주둥이 끌고 킁킁거리며 싸돌아 치는

그런 사람들이 정치 망치고

양두구육, 앞뒤가 다른 보잘것없는 사람들이다

몹쓸 사람들

바른 정치니 공정이니 정의 사회 구현이니

지고지순 거룩한 척 그럴싸한 간판 뒤에 숨어

못된 짓만 하는 사람들들 가려내자

죽을 때까지 속을 건가
그리 당하고도, 아직도

인간은 실제로 일 잘할 사람은 싫어하는 법
콩고물은커녕 감방 가게 생겼거든
덜커덩 철커덩 철창문에 들어가긴
푸줏간에 끌려가긴 죽어도 싫거든
저 죽을까 끝까지 막무가내 우기며 버티는 거지
인면수심 철면피 할 짓 다 하고선, 지고지순 거룩한 척
하늘에, 조상에, 얼굴에, 이름에 똥 칠갑
그것도 낯짝이라고 명예라고

못된 사람들 간악한 사람들
저들만의 놀음놀이에 놀아나지 마라
핫바지 노릇, 로봇 짓, 줏대 없이 지조 없이 빙글빙글
간교한 사람들 정신에 놀아나지 마라
토사구팽 당할라
보기 좋게

정치, 민생정치
밤새도록 고민, 고민해도 모자랄 판에
평소 도대체 뭘 보고 무엇을 배웠길래
똥오줌 앞뒤 분간도 아니 되더냐

인생 뜀박질로 살 만큼 살아 놓고
나이는 멋으로, 자랑으로 먹었더냐, 추잡하게
정신은 엿 바꿔 먹었더냐
똥개 망개 따로 없다.
몹쓸 사람들

아! 입맛이 쓰다.
저들이 던져 놓은 밑밥에
입아귀에 손아귀에서 놀아나는
이를 어쩐다, 이를
한심한 사람들

주권 행사 선거는
민주주의의 꽃, 선거가 답이다.
뭐니 뭐니 해도 선거가
후회하지 말고 이번만은 확실히
꽝
꽝
꽝

살다 살다, 별난 대선 판을

들자 들자 하니, 가만히 보자 보자 하니, 끼리끼리 배붙리고 죽이 맞아 도리도리 짝짜꿍, 곤지곤지, 잼, 잼, 잼, 꿀에 잘도 놀아나지요. 창피하네요. 낄 때 안 낄 때, 낄 때를 끼어야지 검고 희고, 똥인지 된장인지, 콩인지 팥인지 분별도 못 하고 지조도 없이 막 끼고 들이대나요? 제자리 앉음앉음 번지수도 못 찾고 팔도강산 이곳저곳 구걸구걸, 표 구걸. 그런 구걸도 없지요. 아서라! 뒤죽박죽 함께 놀아나는 소위 왈 지식인들 점입가경, 가관이지요.

행여나 되고 나면 언제 그랬냐는 듯 몰라, 몰라. 누구처럼 똥 칠갑에 국제적 망신을 떨었던 것처럼, 국민은 안중에도 없을 듯싶지요. 무얼 보고 믿고 바라기에 잡신 들린 미친 사람들 점괘에, 나약하기 짝이 없는 주술에 붙잡혀 끼리끼리 잘도 놉니다. 신중에 신, 지존은 하늘입니다. 아니면 무엇이란 말인가요?

도리도리, 글쎄, 글쎄글쎄. 되돌이표 막장 드라마, 한 발짝도 나아갈 수 없는 제자리에 맴을 도는, 알아야 말을 하지, 알아야? 심지어는 반장도, 이장도, 면에 면장도, 하물며 나라님이야 두말하면 잔소리이지요? 한 번 속지 두 번 속아서야 말이 되겠는가요? 지난 세월에도 감쪽같이 속지 않았던가? 두 번, 세 번, 또 속으면 멍청이지요. 천치 바보 멍청이, 멍청이지요.

그런가 하면 살랑살랑 꼬리 치는 개들이나 진배없지요? 무슨 연고, 무슨 연유로 구린내 풀풀 나는 꽁무니를 졸졸 따라다닌단 말인가요? 저들의 핫바지에 나팔수가 되었단 말인가요? 허약하고 나약한 분변 없는 임들이여! 무슨 기준, 무슨 잣대로 똥독에 빠진 새앙쥐처럼 푹 빠졌는지요? 살다 살다 알다가도 모를 일이지요. 희천에 뜬구름 잡지 마라! 나라의 운명이 걸렸다! 정신 차려라! 살다 살다, 별난 대선 판을 보게 생겼지요? 별난 이들 분변을.

안보, 안보하는데, 군대를 갔다 왔냐? 총이라도 쏴 봤냐? 누구처럼 도시락을 대포라고, 그쪽 날라, 심히 걱정스럽습니다. 위급하면 도망이나 칠 위인들은 아닐는지요? 한편으로는 사람 살리는 정치를 해 봤냐? 죽도록 눈알이 튀어 나오는 허기에 하늘이 뱅글뱅글 돌아가는 배를 곯아 봤냐? 일평생 좋은 집에 호의호식 호사만 누리다가 임들의 태산 같은 아픔을 알기나 하겠는가? 늦깎이 결혼에 자식은 키워 봤냐? 가정을 제대로 꾸려 봤냐? 어찌 서민의 아픔을 헤아릴 수가 있다는 말인가? 허상, 허무 그 자체가 아닐 수 없지요?

뿐인가? 항간에 파도 파도 줄줄이 알사탕, 밑도 끝도 없이 나오지요. 학력에 이력에 논문 표절까지? 장안 사대문 밖 전국 팔도에 따르릉따르릉 소문이 쫙 났더이다. 출세를 위해선 개똥도 먹겠다는 태세이지요. 길길이 날뛰는 여인천하에서 헤매는 팔불출도 그런 팔불출이 없지요. 수신제가 후에 치국평천하라고, 자신과 가정부터 다스려야 한다는데? 일개 단체의 장도 어디를 가든지 머리를 숙이는데 하물며 나라님이야 더 말할 나위가 없지요? 그럼에도 머리를 꼿꼿이 세우고 활보를 하다니. 아주 거만을 떨어, 거만을?

이리 보나 저리 보나 어디를 보나 세 치 혀로 공의니 정의니 권모술수, 내로남불 끝판왕으로, 불순한 나무는 떡잎부터 안다는데? 세 살 버릇 여든까지 간다는데? 막무가내 고집불통으로 천성머리가 고약하지요. 그것 참 야단났네! 줄줄이, 방방곡곡, 산지사방 야단났어요.

지조는 물레방아, 팽이 돌아가듯이 잘도 돌아간다? 주군을 헌신짝처럼, 배은망덕의 극치로 제 버릇 개 준다더냐? 여우 꼬리 석삼년 묻어 놓아도 변함없는, 천상 여우 꼬리랍니다. 어찌하다 저 모양 저 꼴로 호랑이 새끼를 키웠는지? 허허, 참, 자다가도 깜짝깜짝 놀랄 일이지요? 경기하겠어요.

아니, 포장도 잘해서? 공의니, 정의니, 민주니, 보면 볼수록 기가 차고 똥 차는, 고집불통 똥고집에 내로남불? 감언이설 허울을 쓰고 공정, 공정, 정의, 정의, 자유, 자유, 좌파니 우파니, 툭하면 빨갱이라고, 빨갱이나 팔아먹는 위선자에 지나지 않아요? 그런가 하면 정치 경제에는 입도 뻥긋 못하니? 그 정치 경제는 말끝마다 공정, 공정하더니? 공정한 민주는 다 어디로 갔냐? 다 얼어 죽었더냐? 세상에나, 세상에나 소위 왈 지성인들은 말라 비틀어져 다 죽었는지 말도 못 하고 쥐구멍만 찾으니? 다수의 국민들은 머리를 짚고 "아이고, 두야!" 뒷목을 잡고 혈압 약을. 국민들 졸도하시겠다.

다수는 눈만 멀뚱멀뚱 가짜 정보라는 링거 주사에, 혼백이 출장 갔는지 반신불수가 되어 똥오줌도 못 가리고 맞장구에 박수나 치고 있지요? 정신 사납게, 꼴사납게, 심란하게 하지를 마라! 때는 이때이지요. 대선인지, 개판인지. 개판 만들지 말고 역주행하지 마라! 시곗바늘을, 역사를 거꾸로 돌리지 마라! 두 번 다시는, 주권자들 국민들이여! 정신들 차려라! 나라가 위태롭지요.

자리를 넘보지 마라! 애타게 목말라 했던들 줄 놈이 즐겨야지? 한평생 끌어다가 감방에나 처가두는 데 이골이 난 수준 이하 함량 미달에 석두라고 장안이 자자하더라? 허, 참! 기가 찰 노릇이지요. 무슨 낯짝으로 민의를 우롱하는 건지 모를 일이지요? 지난 과오를 생각해 보라. 하나를 보면 열을 안다고, 김칫국부터 마시지 마라. 넌 꿈도 야무지다, 악바리들처럼.

도리도리, 위태위태, 흔들흔들. 바랄 걸 바라야지. 욕심으로 될 법하더냐? 강 건너 뚱한 바보 칠푼이가 따로 없지요? 나라의 흥망성쇠가 달렸는데, 오! 이를 아는지 모르는지 자신의 영달, 위기만을 면하려고 낭패로다, 낭패. 국민이 나라가 낭패이지요.

이러나저러나 해도, 해도 무엇을 해도 무식이 통통, 온갖 것 탄로 나기 전에 어서어서 이 눈치 저 눈치 보지 말고 장기판 물리듯이 과감히 거두어라, 시원하게, 너나 나나 국민이, 민족이 살길이다? 삼척동자도 다 알 만한 사실입니다. 멍청한 국민 다수는 모른다고들 하지요? 답답이들은.

무지몽매한 자들이여!

깨어나라!

깨어나라!

퍼뜩.

이쯤에서 내려오면 잘했다는 양반 소리나 듣지, 때를 놓치면 미련한 곰이라고 바보 소리나 듣게 마련이지요? 민족을 위하여, 나라를 위하여 아름다운 퇴장이 능사이지요. 그것이 우리 모두의 살 길이지요. 이모조모 뜯어 봐도 그렇지요? 쿨하게, 깔끔하게 마무리를.

금수강산이여! 깨어나라!

대한민국이여! 깨어나라!

주권자들이여! 깨어나라!

나라님을 잘 뽑자!

대한민국 만만세!

만세!

무임승차, 역사의 방관자들

불타는 역사를 수수방관한 자들이여! 조국이, 민족이 민주화를 갈망할 때, 극악무도한 인정사정없는 난도질로 나라가 아프고 목말라할 때, 악전고투 피 흘려 국권을 회복하려 할 때, 최루탄에 맞서서 주권을 수호하려 할 때, 고관대작 여타 당신들은 어디서 무엇을 했단 말인가?

오로지 출세를 위하여, 개인의 영달을 위하여, 부모의 굽어진 등에 업혀 골방에서 고시 공부에 열중했고, 귀를 막고 눈을 가리고, 스러져 간 열사들을 외면하지 않았나요? 말 좀 해 보시게들? 입이 있다면 피 흘려 이룬 역사에 입만, 숟가락 하나 달랑 올린 매정한 이들이 아니던가요? 공명정대한 대가를 지불하지 않은 채 그저 나라 망칠 짓만 했지요? 거저 무임승차만을 노리며 무임승차를? 따끔한 선열들의 호통, 애끓는 저 소리, 벼락 치듯 울려 퍼지는 저 고함 소리가 들리지 아니하는가?

호시절 이제 밥 먹고 살만하니, 원님 덕에 나팔을 불어 제끼겠다고 어림 반 푼어치도 없지요. 오싹한 칼춤으로 무고한 이들을 억

압하고 도륙하고, 길길이 날뛰며 가두는 데 이골이 났던 역사의 방관자들이 아니고 무엇이었단 말인가요?

끼리끼리 주거니 받거니 승승장구한 이들, 양의 탈을 쓰고 뒤로는 주섬주섬 이권을 챙기지는 않았나요? 약자의 주머니를 털어 챙기지는 않았나요? 아무 일도 없었던 것처럼 시치미를 떼다니? 추한 몰골로 정직이니 공정이니 거룩한 척, 피 맛에 길들여진 이리 떼가 따로 없지요.

방관자들, 모르는 척 고로한 사상으로 위태위태 삐딱선을 타고, 궁지에 몰리면 생쥐처럼 빨갱이라고 물어뜯고 공격을 하지요? 참으로 가관이지요. 갖은 수단으로 양다리를 걸친 채 천하를 호령하겠다고, 심지어는 호의호식하며 영달을 꿈꾸었지요. 역사의 방관자들이 아니던가요? 역사의 심판 앞에 오랏줄을 받아라! 세상은 돌고 돌아가는 법, 목전에 멀지 않았지요.

역사는 알고 있습니다. 민주정신, 대동 세상은 온데간데없고, 달랑 오로지 출세지향주의 하나만으로 영달을 꿈꾸는 자들이지요. 저 하나만, 제 식구들만 감싸고 도는, 저만 살겠다는 보신주의자들이지요. 염치없는 코빼기를 어디 안전이라고, 어디서 감히, 도도히 흐르는 역사 위에 무임승차를 꾀하는가요? 겁도 없이 활개를 치는가요? 피땀 흘려 이룬 역사를 우롱하는 몹쓸 철면피들, 토할 것 같지요. 일말의 양심이라도 있다는 말인가요? 무엇이 정의고, 공정이고, 공평인가요? 터진 입이 있다고 함부로 말하지 마라! 더러운 입으로 추하게 굴지 마라!

무릎을 꿇고 겸손을

방관자들이여
무임승차자들이여
나라를 위한 고군분투 생명을 바친 원혼들
피 흘린 역사 피의 역사 앞에 무릎을 꿇고
겸손을

역사의 방관자는, 되지를 말았어야
우리 모두 함께 손을 내밀고
국민이라면
적어도

인사가 만사다

사람이 중요하다. 사람이 자원이지요. 재산이지요. 위정자가 지도자가 중요하지요. 하늘로부터 위임받은 사람을 다스리고, 만물을 다스리고, 전쟁을 다루어야 하기 때문이지요. 아주 먼먼 옛날, 태초에 이 땅에 충만하고 모든 피조물을 다스리라는 지엄하신 하늘의 분부가 있었지요. 그러기에 하늘이 위임한 책무를 기억해야 할 것입니다. 다스리는 일이 중요하니까요?

그렇다면, 분부를 잘 받들어 일할 지도자의 기용이 중요하지요. 이하 모든 직임을 받은 자들을 적재적소 자리매김이 중요하지요. 일 하나하나에 합당한 자를 잘 기용하는 것이 중요하지요. 누구를 기용하느냐에 따라, 누가 지도자인가에 따라 인류가 국가가 흥망성쇠의 길을 걸어왔지요. 국가는 물론 최소 기본 단위인 마을에 이르기까지 존폐기로 흥망성쇠가 달려 있기 때문이지요.

그렇기에 주권재민, 결국, 최종에는 국민에게 달려 있습니다. 국민으로부터 위임받은 인사권자, 위정자, 지도자에게 달려 있습니다. 위임한 우리, 국민 모두에게 달려 있음을 간과해서는 안 될 것입니다.

적재적소, 사람이 중하다

낱낱이 살펴라
사람은 삶이 중요하다
살아온 삶이 중요하다
그 사람의 이력이 중요하다
숨겨진 배경 이력을, 삶을 샅샅이 찾아내야 한다
드러나지 않은 꼭꼭 숨겨진 전력, 이력이 삶이 중요하다
성장, 상벌관계, 돈, 여자 관계, 성향, 가치관, 취미, 기호
짜고 치는 고스톱처럼, 구린내가 나지 말아야 한다
하나부터 열까지 명명백백 맑고 투명하게 기용해야 한다
가치관이 중요하다
됨됨이가 중요하다
인사가 만사다

이런 사람은 사양하자
사람 냄새도 안 나는 사람
정이 없는, 사람 같지 않은 사람
똥오줌 공사 구별도 못 하는 사람
사리사욕으로 내 편만 챙기는 사람

팔영산 야인 정치사회 고군분투기

공약을 남발하고 책임지지 않는 사람

국민의 사대 의무를 다하지 않은 사람

안보, 안보 나라, 나라 민주, 민주 하면서,

국방의무, 국민의 도리를 다하지 않은 사람

국민의 생명과 재산을 경시 여기며 지키지 못하는 사람

강대국에는 비실비실, 국권을 바로 세우지 못하는 사람

지조가 물레방아로 때만 되면 여기저기 기웃기웃,

얼렁뚱땅 사익에 이골이 난 사람

그저 잇속이나 챙기는 바쁜 사람

인사가 만사다

이런 사람에게 맡기자

사람을 알아볼 줄 아는 사람

사람 냄새가 폴폴 향기가 나는 사람

사람을 귀히 여기고 섬기기를 다하는 사람

국민의 애환, 무엇을 원하는지 시원하게 해 줄 줄 아는 사람

국민과 생사고락을 함께하고 국민에게 충성을 다하는 사람

외세에 맞서 국권을 지키는 당당한 사람

약자를 보호하고 배려할 줄 아는 사람

지도자로서 소통하며 아우르는 사람

공익을 우선시하는 사람

사람다운 사람, 된 사람

인사가 만사다

하늘 아래 사람이 일하지요? 어디 앞집 똥개가, 뒷집 발바리가 일하지는 않네요? 사람을 모르는 짐승에게야 맡길 수는 없지요. 사람의 일은 사람에게, 사람다운 사람, 된 사람에게 맡겨야 하지요. 거기에는 어느 누구도 왈가왈부, 가타부타, 여부, 되고 안 되고 이론의 여지가 없지요.

유구한 반만년의 역사, 역사를 반면교사로 삼아 깨끗하고 유능한 훌륭한 인재들이 적재적소, 적기적소, 발탁·기용되어야 하지요. 살맛 나는 세상, 살맛 나는 나라, 힘 있는 나라, 기필코 만들어야 하지요.

그러기에 그것이 국민들의 바람이요, 앞서가신 선열들이 원하는 바일 것입니다. 이제라도 분명히 잘 선택하고 잘 기용해야 합니다. 일 잘하는 사람으로 잘 뽑아야 합니다. 제대로 투표를 해야 합니다. 주권자라면 관심을 가지고 면밀히 잘 살펴보자! 마구잡이로 덤벼드는 사람들, 매정하게 골라내어 딱지를 놓고, 손절하고, 극구 사양 해야 합니다. 국민의 안위와 존폐가 달려 있는 중차대한 일을 그저 아무에게나 맡길 수는 없지요. 그럭저럭 맡길 수는 없습니다. 커트라인을, 눈높이를 한껏 올려 국민을 국민답게 튼튼한 국가를 만드는, 그런 사람을.

국민이 주인이다.
우리 모두 감시자가 되자!
인사가 만사다.

대한남아, 군대는 가야지

"아들아! 군대는 가야지? 대한 남아로 태어났으면 군대는 가야지? 그래야 사나이 대장부가 되는 거지. 아빠도 논산훈련소 26연대 갔다 왔거든. 다들 군대 가는 거야. 겁먹지 말고." 잔뜩 긴장한 아들에게 너는 할 수 있다는 용기백배 힘을 북돋우며 이른 새벽 아내와 함께 늦을세라 논산훈련소로 출발하였지요.

다음날 일과를 마친 오후, 바지런히 귀가를 했더니 이게 무슨 날벼락, 아내로부터 아들이 퇴소 명령으로 원대복귀, 즉, 귀가를 해야 한다는 것이지요. 뜬금없는 소리에 "엊그제 데려다주었는데 무슨 소리야?" 이유인즉슨 건강상 부정맥이라는 것입니다. 순간 중고등학교 때 숨을 가쁘게 몰아쉬어 진료를 받았던 사실이 떠올랐습니다. 까마득히 잊고 있었는데, 그것이 입대에 걸림돌이 될 줄이야, 어찌 알 수가 있었단 말인가요?

"그 후 아무 일도 없었는데 무슨 소리야?" 버럭 아내에게 역정을 내며, "그래서 보내라고 했단 말이야." 아내 왈, "보내겠다는데 어쩌란 말이야." 옥신각신 언쟁을 하며 "저렇게 아들을 군대 보내고 싶어서 안달이니. 남들 같았으면 얼씨구나 잘됐다고 할 텐데. 으이그." 말꼬리를 흐리며 아내는 한숨을 쉬었지요.

일순간 버럭 화를 내면서도 한편으로는, 아내의 자식에 대한 안타까운 마음이 모든 엄마들의 마음이라고 이해하면서도, 아들은 대한남아로써 군대 갔다 와야 한다는 투철한 소신만은 굽히지 않았지요. 다시 보내야겠다는 일념으로 이리저리 전화를 걸며 천신만고 끝에 논산훈련소로 전화를 할 수 있었지요. 훈련담당자에게 "한 번 보냈으면 나라에서 죽이든지 살리든지 책임을 져야지. 병이 있으면 고쳐서라도 써야지. 누군 보내고 싶어서 보냈겠느냐?" 적잖은 언성을 높이며 "귀가시키지 마세요."라고 단호하게 역정을 내며 정 그렇다면 군의관을 바꾸어 달랬다고 했습니다.

잠시 후, 군의관은 낮은 톤으로 조용조용 설명을 늘어놓았습니다. 얘기인즉슨, 부정맥은 심장의 박동 수가 빨라졌다 느려졌다 불규칙하다며, 그로 인해 과호흡으로 숨을 헐떡이며 몰아쉬게 된다며, 심하면 훈련에 지장을 초래하고 쓰러질 수가 있다는 것이지요. 뿐만 아니라 죽을 수도 있으니 그 책임을 누가 지느냐며, 할 수 없이 돌려보내야겠다는 것입니다. 그러면서 "요즈음 군 입대 자원이 너무 많아서, 튼튼한 청년들을 선발 소집하여 훈련을 잘 시켜서 나라가 위급할 때 써야 합니다."라는 것입니다. 그러면서 "집에서 치료를 잘해서 육 개월 후 병무청에서 재심을 받아 건강이 회복되면 다시 보낼 수 있습니다."라는 것입니다. 조근조근 말하는 군의관의 설명에 순간, 더는 할 말을 잃고 자존심은 상하지만 하는 수 없이 "네! 잘 알았습니다. 그러면 집으로 보내 주세요." 퉁명스럽게 곱지 않은 말투로 "잘 치료해서 튼튼하게 만들어서 다시 보내겠습니다."라고 얼른 꼬리를 내리자 "차편으로 귀가 조치를 하겠습니다.", "네 그렇게 하세요." 할 수 없이 아들은 논산훈련소에서 대전으로 대전에서 강릉 오는 막차를 타고 풀벌레 우는 밤이 이슥해서야 터미널에 도착했지요.

미리 기다리고 있던 나는 아들의 표정을 살피며 "괜찮아! 치료하고 다시 가면 되지."라며 위로의 말과 힘을 내라고 용기를 북돋웠습니다. "아들아! 열심히 치료해서 신검을 다시 받으면 된다니 다시 도전하는 거야! 알았지?" 아들은 눈치를 살피며 머뭇머뭇 마지못해 대답하듯이 "예! 알았어요." 고요한 자정이 다 되어서야 아들과 함께 삼산 집으로 귀가를 했습니다.

그 후 아들은 치료를 잘하여 다시 신체검사를 받고 우여곡절 끝에 논산훈련소로 다시 입대할 수가 있었지요. 기어코 아들을 군대를 보냈으니 아내는 "그렇게 군대를 보내고 싶을까?" 혀를 끌끌 찼습니다. 한역 아내와 아들에게 미안하기도 했지만, 나라와 장래를 생각한다면 백번 잘했다는 생각이 두고두고 날 것이라고 위안을 삼았지요.

군대에 대한 소고

군대 그거 갈 만하더군요.
왜냐구요? 옷 주지요 튼튼한 가죽 신발 주지요

먹여 주지요 입혀 주지요 재워 주지요

머리부터 발끝까지 완전무장 철통방어,

임전무퇴 죽여 주데요

옛날 같으면 간장에 밥 비벼 먹고

자장면 집 지날 때는 침만 꿀떡꿀떡

의복은 어떠했나요? 흰 바지저고리에 남루하기 짝이 없었고

잠자리는 어떠했나요? 초가삼간에 왕골자리로

이불은 달랑 하나, 발목이 다 나오던

서로 덮으려고 당기고 당겨 이불이 해지던

그 시대 알 만한 사람들은 다들 알지요

서러운 그 세월이 눈물겹도록

너나 나나 펑펑 울던 세월이 있었지요

숨길 수 없는 그 세월이 야속하지요

모포 석장에 일식삼찬 꿀맛이지요

때론 특식에 달달이 용돈도 주지요

옛날 같으면 용돈은 고사하고 보급품도 없어서

몽당숟가락에 해진 군화에 남루한 군복

그도 절도 없으면 복도에서 손들고 닭똥 같은 눈물을

서러워서 훌쩍훌쩍 울 때마다 콧물이 들어갔다 나왔다

들랑날랑 소매에 훔치던 그 시절

해진 소매는 반질반질 윤이 났지요

혹여나 피비린내 나는 전쟁터에서
죽지 말고 살아서 돌아오라고
피가 나고 알이 배고 이를 간다는
피 알 아이로 죽지 말라고 특등사수로
먼저 보고 먼저 쏘자
훈련시켜 주지요

전우애로 똘똘 뭉쳐 복닥복닥 살아가자니
인간미가 드러나는 얽히고설킨 인간관계
교과서에는 추호도 없는
사회 공부, 인생 공부 단단히 하지요

전쟁, 재난, 위급한 일에 훈련으로 다져진
대처, 위기관리, 능력이 살아나지요
잽싸게 선 조치 의연하게 대건하게 대처하지요
생각도 쑥쑥 자라지요
까불까불 천방지축, 못된 망아지 새끼처럼 날뛰다가
제법 똘똘하게 날선 돌이 어른스럽게
망나니들은 개과천선하지요.

나라 위한 대한남아
휴가 때면 거리를 활보하며
우쭐우쭐, 언 놈이 시비만 걸어 봐라

잡히기만 잡혀봐라 국물도 없다

어깨에 뽕 들어가지요

자부심도 국가관도 투철하게 되지요

우물쭈물 말주변도 시원시원하게 뿌듯하게

혼자 군대 갔다 왔는지

사랑방에서 밤새도록 군대 얘기 끝이 없지요

꺼리, 꺼리, 말거리

남자들은 군대 얘기 여자들은 시집 얘기

미필자들, 면 피자들 할 말이 없지요

의무를 다한 자는 일평생, 언젠가는 한 번은

병역문제, 가타부타 시비가 없지요

동네방네, 자신감에 떳떳하지요

사회 진출 출셋길에, 벼슬길에 왈가왈부 시비가 없지요

떳떳하고 득이 되면 득이 됐지 손해 날 건 없지요

그거 한번 할 만하더이다

미필, 면 피자들 한 번 가 보세요

갈 수만 있다면요 가 보세요

개과천선되지요 못된 마음 수양이 될 테지요

마음 씀씀이 행동거지 달라지지요

한번 가 보세요 참말인지

기회는 딱 한 번 잊지를 말고

군대 가기를

젊은이들
부귀영화 꿈꾸는 정치를 한다는 위정자들
크고 작은 일에 앞장서는 지도자들
나라와 민족, 사회와 가정을 위하여
국방의무, 병역의무 사대의무 다하여
당당하게 존경을 받아야 하지요
암요, 암요 그래야지요

군대 가는 것이 꼭 두려운 일만 아니지요
아까운 시간 낭비는 더더욱 아니지요
젊은이들 군 생활 기피 말아야 하지요
통해 얻는 것이 더더욱 크지요
젊은 시절 통과해야 할 관문이기도 하지요
어른이 되는 통과 의례
남자로서

작금 나랏일을 해 보겠다는 당사자들, 본인은 물론 자식들의 병역 문제가 화두에 오르고 있지요. '윗물이 맑아야 아랫물이 맑다' 라는 옛말이 있지요. 아직은 모를 일이지만 서글픈 일이지요. 자괴감이 이 글을 쓰게 했지요. 국민의 사대의무 중 하나인 병역의 의무를 저버리고, 무슨 국가를 논하고 위기 관리며 안보를, 국가 운영을 책임지겠다고 일언지하 어불성설입니다.

"대학 위에 군대 있다."

생김도 맘보도 가지가지

　세상이 꾸리꾸리 하다 보니 마음도 꾸리꾸리, 고리타분합니다. 자연은 꿈틀꿈틀, 방울방울, 빵빵 터지는 꽃피는 호시절인데, 마음은 왜인지 조화로다. 세상사 조화 속이지요. 알 듯 말 듯 긴가민가, 알다가, 알다가도 모를 일이지요. 우주, 천지 만물 인간계가 조화 속이지요.

내버려둬, 언젠가는

누구는 찬밥 먹고, 누구는 더운밥 먹느냐
누구는 홀대받고, 누구는 대접받고 환영받느냐
누구는 집도 없고 누구는 집을 몇 채씩 가지느냐
종횡무진 까불까불 앉을 자리, 눌 자리 못 찾아 헤매는
어처구니없는 반려견처럼 끙끙끙 싸돌아 치니
호강에 받쳐도 유분수다

참말로

몇몇 누구누구는
줄 잘 선 덕분에 벼락 호강을
조선팔도 지난한 백성은 안중에도 없지
죽든지 살든지 말든지
내 알 바가 아니라고 건들건들,
천불이 난다 천불이
요망할 것들

누구는 시켜도 안 할 판에
누구는 출세라면 천방지축, 죽기 살기 덫에라도
태엽 풀린 시계불알처럼, 단단히 고장이 났는지
뒷배경이 얼마나 좋고 좋으면
덫에는 걸리지도 아니하니
언젠가는

꼼수로 간판을, 큰손으로 주식을
투기, 투기, 경자유전 개 무시, 악다구니 기를 기를
내버려둬, 내버려둬
언젠가는 무간지옥 직행할 날 있으리라
불식 부지 중에

팔영산 야인 정치사회 고군분투기

들리는 소문이 첩첩산중 예까지 들여오니 가관이지요. 따르릉 따르릉, 예까지, 용하다 용해. 퍽 용하지요. 그것도 통하고 통한다 고 간택을 했으니, 한심이들. 너나 나나 한심이들! 얼씨구, 귀 막고 눈 가리고 콧방귀 뀌어 가며 얼렁뚱땅 가지가지 하는구나? 너 죽 고 나 죽는 줄도 모르고 깨춤을 춥니다.

가을 산에 고만고만한 도토리를 보라! 내가 크다고 기라고 주장 하는 것은 없더라? 나서는 것은 없더라? 다 고만고만하더라. 저 잘 났다고 뻐기는 소리가 세상천지에 어디에 있남? 자연을 봐라!

그래, 이런들 저런들 어찌하리오만, 갈 곳은 한 곳이라더라. 북망 산천이 문밖이라더라. 이승 저승이 손바닥 차이지요. 이승이 좋다 고 천수를 누릴 거냐? 몇만 수를 누릴 거냐? 고작, 힘껏 살면 백이 십이요, 강건하면 칠팔십, 불쌍타. 인생이 아주아주 불쌍타! 안 돼! 안 돼! 눈물로 애원하며 끌려갈 날 있으리라! 곧 영락없이 앞 다투어 도래하지요.

결국은 혼자다

황천길에 같이 갈 자 없으니
화무십일홍, 추풍낙엽, 서산에 낙조로다.
정신들 차려라, 이빨 빠진 호랑이다
어처구니, 얼간이, 천치, 백치, 바보가 아니라면
아니면 말고 식으로

그럼 무엇인가

무엇

220815

감자와 순사

아내는 흑미와 감자를 섞어 정성스레 밥을 지었지요. 팍신팍신한 감자가 들어간 감자밥이 가끔은 먹고 싶을 때가 있지요. 이 또한 나이 탓일까? 사래 긴 밭에 옥수수와 감자를 심고 긴 장마를 견디고 가을, 겨울을 건넜지요.

제법 많은 세월을 건넜지만, 문득 어릴 때 먹던 감자밥이 생각이 나서 요즈음에 먹는 흑미에 감자를 넣어 밥을 지으라고 했지요. 썩 내키지 않는 아내에게 미안한 마음으로 콧살을 찡그리며 잔소리를 한 끝에 지은 감자밥이지요. 이럭저럭 반백의 나이를 넘기고 환갑을 넘기다 보니 그리운 추억이 하나둘이 아닌 것 같지요. 떡시루에 수수팥떡처럼 켜켜이 하나둘 쌓여만 가지요.

여름에는 초근목피 감자로 한 끼 끼니를 때우던 시절이 있었지요. 누구도 부인할 수 없는 가슴 아픈 기정사실로 우리들의 역사이지요. 숟가락총에 고추장을 찍어 감자에 바르고 입이 찢어지도록 한입 베어 물면 어찌나 팍신팍신하고 맛이 있던지, 그야말로 둘이 먹다가 하나 죽어도 모를 정도였으니까요. 때때마다 먹어도 물리지 않을 정도로 맛이 있었지요. 지금도 오랜만에 한 번씩 먹으면 별미 중에 별미요, 어찌 보면 건강식이 아닐 수 없지요.

어린 시절, 초등학교 다닐 때입니다. 담임선생님께서 자연 시간 수업 중에 "오늘이 하지인데 하지는 무슨 날일까요?" 하고 묻자, 앞 자리에 앉아 있던 코흘리개 한 친구가 조금도 망설임 없이 손을 번쩍 들고 자신 있게 힘주어 "감자 친신하는 날입니다."라고 대답하자, 선생님이 놀라 웃으시며 "그 말도 맞겠지만, 이십사절기의 하나로, 낮과 밤의 길이 중에 낮의 길이가 가장 긴 날이다."라고 말씀하시자, 우리 모두 폭소를 자아냈었습니다.

그때는 초근목피 배고픈 시절이었습니다. 골짜기마다 화전, 돌밭에 너나없이 감자 아니면 옥수수를 심었습니다. 가난한 시절이라 어느 작물보다 고작 제일 수확이 빠른, 여름 양식이 되는 감자를 심었지요. 그러기에 감자 캐기만을 손꼽아 기다렸지요. 불과 얼마 안 되는 반세기 전의 웃지 못할 한 시대의 아픈 이야기이지요. 아련한 옛 생각이 가물가물 떠오릅니다. 물론 하지는 이십사절기 중의 하나로, 낮과 밤의 길이 중 낮의 길이가 가장 긴 날이라고 대답했어야 했습니다. 하지만 한역으로는, 어쩌면 그 친구의 말도 틀린 말은 아니지요.

친신은 첫 수확, 첫 열매를 먼저 신에게 드리고 먹는다는 풍습이 있었으니까요. 첫 열매뿐만 아니라 모든 것이 그런 식이었지요. 과일나무에서 첫 수확, 첫 열매를 딸 때 짚으로 짠 가마니를 가져다 놓고 하늘에 감사하다고 두 발을 모으고 두 손으로 빌며 예를 올렸습니다. 심지어는 막걸리에 김치라도 놓고 두 손 모아 절을 하고 과일을 따서 가마니에 넣었습니다. 그래야 앞으로 적어도 한 가마니씩 철철 넘도록 많이 딸 수 있다고 믿었지요. 그 시절 보릿고개며 초근목피로 춘궁기를 버텨야 했던 배고픈 시절의 이야기이지요. 그럴 법도 합니다. 어찌 보면 아주 오래전 옛날부터 하늘에 지내던 제사의 한 모습이 전해 내려온 것인지도 모를 일입니다.

감자야! 고맙다

검정 비닐 옷을 벗기고
오동통 반짝반짝 갈색 몸매를 드러냈다
드디어 온 봄 세파를 건너
여름에 다다른 둥글둥글 예쁜 감자다
희고 뽀얀 속살을 드러낸

하지가 지났으니
이젠 제법 탐스럽게 컸다
먹기에 좋을 크기만큼 참으로 앳되다
동글동글 갈색 모습에 눈을 맞추고
하나둘 신나게 콧노래를
애지중지 다칠세라 살포시 사각 박스에
꾸물꾸물 비 오기 전
바삐, 바삐

우선 두 박스를

장마가 지나면 쉬엄쉬엄 캐리라

한 박스는 가까이에 사는 동생네

한 박스는 우리 차지

사각사각 감자 반찬으로, 쫀득쫀득 감자떡으로

감자밥으로 감자전으로

알뜰살뜰하게

은혜이다

연초만 해도 감자를 심으리라곤

꿈엔들 생각조차 못했는데 그럭저럭

밭이며 준비되지 않은 감자 씨

좋은 날씨, 적당한 비, 난 그저 심었을 뿐인데

오랜만에 누리는 기쁨이다

억수로

갈색 살갗은 버리고

뽀얀 속살 감자전으로 새롭게 태어났다

호박, 고추, 쑥갓을 곁들이고

식용유에 둘둘둘 살을 부비며

탈 듯 말 듯 노릇노릇 고시게

한입 가득

침샘을

　　　　　　　　　팔영산 야인 정치사회 고군분투기

감자야 미안타
참으로 고맙다 정녕
희뿌연 창밖엔 장맛비가 줄줄이 열을 지어
요란하게 투두둑 뚜두둑
보란 듯이

감자는 눈이 녹으면 일찍이 밭에 두엄을 내고 쟁기로 밭을 갈고, 한식이면 골을 타 이랑을 만들고 감자를 심었습니다. 여름 양식 밀, 보리 다음으로 감자를 심었지요. 최소한 가족이 먹어야 했고 허기를 면하여야 했기 때문입니다. 하지 무렵이면 어린아이 주먹만 한 감자가 달려, 그나마 허기를 면했던 시절이 있었지요. 그래서 하지는 친신하는 날이라고 해도 과언은 아니었지요.

여름 저녁이면 마당 한쪽 곁에 쑥으로 모깃불을 피워, 도란도란 둘러앉아 저녁 요기로 감자와 옥수수를 먹었던 생각이 떠오릅니다. 당시 '노랑감자'라는 만생종이 있었고, 여름에 주로 먹는 '남작'이라는 조생종이 있었지요. 남작은 전분이 많아 팍신하였습니다. 감자에 밀가루를 버무려 감자범벅을 만들어 먹기도 하였습니다. 여기에 옥수수를 쪄서 함께 먹기에는 그저 그만이었지요. 숟가락 총으로 고추장을 찍어서 감자에 발라 먹고, 간 고등어 조림과 함께 먹으면 간이 잘 맞아 한맛 더하였던 기억이 나지요. 어르신들의 표현으로 "감자 넘어가는 것 봤소! 고등어 넘어가는 것 봤소!" 앞다투어 목으로 넘어간다는 우스갯소리를 했었지요. 그것도 여러

때를 외우면 물릴 법도 했지요. 얼마나 먹었으면 그 시절 어르신들이 "감자와 순사는 평생 보지 않아도 좋다."라고 하시던 말씀이 지금도 귓전에 생생하지요. 얼마나 고달프고 애달픈 삶이었으면 물리도록 때를 외우던 감자가 싫어서, 일제하의 서슬 퍼런 일본 순사가 무섭고 보기 싫었으면 그런 말을 하였을까요? 행여 어린아이들이 떼를 쓰며 울 때 "저기 순사 온다."라고 말을 하면 울음을 그쳤다고 합니다. 지금의 파출소인 주재소를 피해 빙 돌아다니기도 하였습니다. 오일장 장날이 되면 행여나 시장 볼 물건이라도 뺏길까 싶어 안절부절못했다는, 무슨 영웅담처럼 말씀하시곤 했지요. 민족의 아픔이자 반드시 기억해야 할 아픈 역사이지요.

뿐인가요. 얼마나 그들에게 당했으면 해방 이후에 "미국 놈 믿지 말고, 소련 놈에게 속지 말고, 일본 놈 일어날 테니, 조선 놈은 조심해라!"라는 말을 했을까요? 해방 이후 일제강점기를 잊지 말자는 우스갯소리, 이야기라고 치부하기에는 왠지 씁쓸하기만 하지요. 일본, 지금도 저들의 하는 짓을 보면 그리되지 말라는 법도 없지요. 역사는 반복되는 특성을 가지고 있지요. '역사를 잊은 민족은 미래가 없다.'라고 말하지요.

여름날 감자와 순사, 그 시대를 겪으며 맞섰던 돌아가신 할아버지, 할머니, 아버지, 어머니, 도란도란 둘러앉은 온 가족들의 생각에 눈시울이 붉어지지요. 가슴이 뻥 뚫린 듯 저미어 켜켜이 아픔으로 밀려오네요. 감자와 순사는 안 보아도 된다는 그 시절의 아픔이자 우리들의 역사입니다.

지금도 고향 삼산리 4개 마을에서는 역사의 아픔과 광복의 기뿜을 나누는 8.15 광복절 기념 체육대회를 하지요. 광복 이듬해부터 시작하여 오늘에 이르고 있다니 제법 많은 세월이 흘렀지요. 아마도 광복의 기쁨, 역사를 마을 단위에서 기리고 있는 곳은 전국에서 유일무이할 것입니다. 4개리 이장과 부녀회장 청년회장이 함께, 주민들과 힘을 합하여 그 명맥을 이어 오고 있지요. 삼산 4개리 발전위원장을 하면서 대회사를 했었던, 그때 양면 괘지에 꾹꾹 눌러쓴 대회사 전문이 고스란히 남아 있기에 소개해 보기로 합니다.

광복절 기념 삼산리 체육대회 대회사

안녕하십니까?

오늘 뜻깊은 8.15광복절을 맞이하여 이를 기념하며, 친선을 도모하는 삼산리 체육대회에 대회사를 하게 된 것을 무한한 영광으로 생각합니다. 오늘 8.15광복절 기념 삼산리 체육대회를 빛내 주시기 위하여 함께하여 주신 내외 귀빈 여러분께 깊은 감사를 드립니다. 또한 이 대회를 위하여 수고하여 주신 4개리 이장님, 부녀회장님, 삼산리청년회 회장님을 비롯하여 수고하신 청년회 회원 여러분과 공사다망하신 가운데에도 이 자리에 모여 주신 삼산리 주민 여러분께 깊은 감사를 드립니다. 특히 이 자리를 쓰도록 선뜻 내어 주신 학교 연구소에 깊은 감사를 드립니다.

오늘 우리는 선열들의 피의 대가로, 일제 36년의 그 기나긴 세월의 질곡에서 광복을 맞이한 뜻깊은 날입니다. 일본의 수탈과 침탈 나라 잃은 아픔과 굴욕을 꼭 기억하며, 후대에 이르기까지 역사를 반면교사로 삼아 다시는 침탈의 역사, 수치의 역사를 되풀이해서는 안 될 것입니다. 앞서가신 선열들의 빼앗긴 나라를 찾기 위하여 목숨을 바쳤던 고군분투를, 반드시 기억해야 할 것입니다.

그렇기에 우리 선배님들은 그 기쁨과 희망에 벅찬 광복을 기리고, 다시는 오욕의 역사를 되풀이하지 않겠다는 각오와 우리 모두의 안녕 그리고 무궁한 발전과 오손도손 살기 좋은 영원무궁한 번영을 위하여 화합과 친선을 겸한 체육대회를 마련한 줄로 압니다. 이에 우리는 광복 이듬해부터 체육대회가 시작되어 지금까지 그 명맥을 이어 온 좋은 모습과 단합된 힘으로 광복의 의미를 되새기며, 그간에 이 대회가 있기까지 선배님들의 노고가 헛되지 않도록 서로 받들며, 좋은 대회가 되도록 노력하여야 하겠습니다. 각 마을을 대표한 선수 그리고 임원 여러분께서는 승패를 떠나서 활기찬 모습을 대내외에 펼쳐 보여 주시며, 서로 존중과 질서 속에 뜻을 같이하며 오늘 이 대회를 위하여 선전하여 주실 것을 격려와 당부의 말씀을 드립니다. 또한 우리는 삼산리의 청년으로, 주민으로서 하늘이 내린 대자연과 산수, 선대로부터 물려받은 문화유산을 우리들의 자랑이라 아니할 수 없으며, 이에 자부와 긍지를 가지고 보다 살맛 나는, 삼산의 안녕과 무궁한 번영을 위하여 이바지하여야 하겠습니다.

오늘 우리는 삼산이라는 한 지붕 아래 굳게 뭉쳐 서로 존중하

팔영산 야인 정치사회 고군분투기

고 아끼며, 반목과 다툼이 없이 기쁨과 웃음이 묻어나는 즐거운 삶이 되었으면 합니다. 오늘날 삼산에 사는 건전한 주인 정신으로 대회에 임하여 주시며, 서로 합심하여 대회가 끝났을 때 얼싸 부둥켜안고 환희의 축배를 들 수 있도록, 우리 함께 노력할 것을 다시 한번 격려와 당부의 말씀을 올립니다. 이 좋은 날에 마음 아픈 것은 여러분께서 잘 아시다시피 작년 9월 선배들의 피와 땀이 어린, 우리의 정든 모교가 1941년 문을 연 이래 어언 반세기가 넘는 그 어렵던 시절의 초등 교육을 담당하고 이제 56회를 끝으로 문을 닫았습니다. 서운한 마음 금할 길 없습니다.

이제는 비록 어린 후배들의 재잘거림은 없지만 그 여리고 곱던 추억은 이 자리에 영원한 전설로 남아 있으리라 믿으며, 다행인 것은 학교 이 자리에 연구소가 들어와서 조용한 가운데 지켜볼 수 있게 되었습니다. 한편 선뜻 이 자리를 내어 주신 연구소에 다시 한번 머리 숙여 깊은 감사를 드립니다. 우리는 서로서로 더욱 아끼고 사랑하며, 보다 큰 관심으로 내년 그 후년 영원히 이 자리에 모여, 선후배들의 친선의 장으로 거듭나기를 간절히 소망합니다. 오늘 이 대회가 좋은 결실을 맺어 영원히 이어질 수 있도록 우리 모두 노력합시다. 아무쪼록 오늘 하루만이라도 우리들의 마음속에 무거운 짐을 훌훌 털어 버리고, 광복의 기쁨과 즐거운 축제의 장이 되도록 서로 사랑하고 격려합시다. 삼산의 자연과 이 모든 것을 사랑합시다. 삼산의 안녕과 번영 그리고 대회의 영원무궁한 발전을 기원합니다. 대단히 감사합니다.

감자 한 톨의 역사

감자 한 톨 한 톨도 귀한 시절이
개구리 올챙이 시절을 모른다고
벌써 잊었단 말인가 사랑스럽고 야무진 그대들은
세월이 흘러도 잊지 말아야 할 것은
일제 침탈의 역사 우리네 역사이다
역사는 성하기도 하고 쇠하기도
되풀이되니까

거침없이 달려온 역사를 잊는 순간
역사는 우리에게 모진 고난으로 되갚아 준다
무딘 가슴 아리도록 역사를 깨닫도록
감자 한 톨 한 톨도
하늘이 햇빛을 비도 바람도
농부의 손끝에 맡기셨다
오롯이

잊지 말자
감자 한 톨 한 톨의 역사
일제 침탈의 역사
오로지

너희가 농부의 자식이라고

애석하도다. 길다면 길고 짧다면 짧은 인생! 맛난 것, 보기 좋은 것 골라 팔고, 울퉁불퉁 떨거지만, 멋진 옷 입을 것 못 입고, 꾀죄죄 흙투성이 작업복에, 사대육신은 무너져 내리고 말라비틀어진 손을 보라! 너희들의 어미 애비, 농사꾼들 말이다.

저들은 그래도 농부의 자식이라고 말들 하지만, 고향 떠나 외학하고 낫자루 호미자루 제대로 잡아 본 적도 없고, 학비며 잡비 등등 허리를 움켜잡고 등이 휘도록 이것저것 퍼 주었건만, 무엇이라? 어쩌다 물가만 오르면 그저 농산물 가격으로만 물가를 때려잡겠다고? 그것이 곧 어미 애비, 농민 때려잡는 일이지요. 이젠 일하다 힘들어서 사망하시겠습니다. 투기꾼 샌님들은 좋은 집, 좋은 집만 고집하다가 폭삭 망하는 중이라는 소문이 일파만파입니다. 너만 죽느냐? 시골에서 죽도록 일하는 어미 애비는 안 죽는다더냐? 도시가 죽으면 농촌도 죽는다. 농촌이 죽으면 도시도 죽는다. 너 죽고 나 죽는 일 그만들 해라! 보는 이들 숯 검댕이, 누런 가랑잎이 된다.

집 얘기 나온 김에 한마디 더 하자! 너희들이 싸그리 꿰어 차는 욕심 때문에 나라 일꾼들 잘못 뽑는 바람에 마음 놓고 잠잘 곳 없는 사람들이 부지기수, 좋은 것, 좋은 것, 좋은 것은 고사하고, 기본에 기본, 기본도 없는 사람들이 부지기수라 하지요. 한심하지요. 한심하다 못내 하루 벌어 하루 먹는 하루살이 인생에게도 팔자를 고치려고 고혈을 빨아먹는 흡혈귀들처럼 막무가내 대드는 불한당 같은 자들아! 무슨 마음 심보가 개털이더냐? 무슨 저의냐? 누가 누구를 원망하리오, 일꾼들을. 지도자를 잘못 세워서, 잘못 뽑아서 고생들이 많지요. 제 손가락으로 제 눈을 찔러 손가락을 분질러 버리고 싶을 것입니다. 퍽 알기라도 한다는 것이더냐? 알기는 무슨.

선거의 책임

선거의 책임
누구의 잘못도 아니라면,
조물주냐?
국가냐?
사회냐?
개인이냐?
냉큼 말 좀 하시게
대답을

눈이 멀어 보이지 않아서 못 보았다고
손가락이 온전치 못해
헛손질을 했다고
생각이 짧았다고

우라질
염병

221025

집값 폭등, 전세 대란

서러움 중에 가장 큰 서러움은 집 없는 서러움일진데 이를 어찌 하랴? 무슨 팔자 소관이 이다지도 사나운지, 귀가 간질간질 입이 근질근질 좀처럼 뱉지 않고서는 도저히 참을 수가 없지요. 왜들 이 러시나요? 집값 폭등에 전세 대란으로 십억이 이십억, 삼십억이 되 었다고 좋다고 쾌재를 부르던 집값이다 보니, 망아지들이 뛰니 덩 달아 전셋값이 뛰었답니다. 높아질 대로 높아지고 전세 물건을 찾 기조차 힘들 답니다. 해도 해도 정도껏 해야지. 비정상이 통하는, 비상식이 상식을 덮는 이런 사회는 지양해야 할 것이 아닌가요? 집 없는 자들은 그래도 집 없는 서러움에서 탈출해 보려고 온갖 수고 와 피땀, 용트림을 하고 있습니다. 되리라는 소망을 가지고 맘껏 꿈 을 꾸어 보자! 상식이 통하는 상식사회를 만들어 보자고요!

위정자들이여! 집 없는 반쪽 서민은 어이 하라고, 자비란 안중에 도 없고 아흔아홉 개 가진 사람들이 한 개만 가진 사람, 한 개마저 빼앗아 가지려는 못된 버릇들, 심보들, 어디서 배웠는지는 모르겠 지만 산수 시간에, 국어 시간에, 성경 말씀에서, 불경에서 배웠단

팔영산 야인 정치사회 고군분투기

말인가요? 윤리 도덕, 상도덕은 온데간데없는 졸부들의 심보가 아니고 무엇이더란 말인가요?

힘없는 서민들은 어쩔 도리가 없지요. 평생 발버둥 쳐도 헤어나질 못하니, 있는 자들은 있다고, 가진 것이 돈뿐이라고, 투기질에 탈세며 온갖, 갖은 꼼수로 증여? 세습, 아빠 찬스, 엄마 찬스까지. 어찌하다 혈안이 되어 있단 말인가요? 수단과 방법을 가리지 않는 저 무모함이 바람직하단 말인가요? 반칙 사회가 되어 가는 현상들을 보노라면 기찰 노릇이지요. 수수방관으로 일관하는 정책입안자들, 누구의 녹을 먹고 살아가는데, 무슨 저의란 말인가요?

위정자들이여! 무얼 하자는 건가요? 꼽으면 집사란 말인가요? 가진 자의 횡포는 이젠 그만. 목표는 일 가구, 일 주택이 답이지요? 나 몰라라 현실 기피, 복지 부동, 강 건너 불구경은 아니 되지요. 인간의 기본은 누가 뭐래도 의식주입니다. 의식주가 무너지면 인간으로서 최소한의 자존심, 본능, 삶의 영위마저 무너집니다. 그중에도 주거가 무너지면 생명이, 나라가 위태위태하지요. 모든 경제 활동은 의식주를 위해 있다고 해도 과언은 아니지요. 의식주로 장난치는 사회악은 가차 없이 보기 좋게 도려내야 하지요. 못된 심보를 과감히 도려내야 하지요.

어떤 이는 집을 많이 샀더니, 올라서 좋다고? 자본주의에서 어떻냐고 말합니다. 툭하면 자본주의라는 허울, 핑계로 약자들을 은근슬쩍, 게으른 베짱이로 매도하는 몹쓸 짓을, 집이 있다고 집을 샀다고 마냥 좋아할 일만은 아닙니다. 오르막이 있으면 반드시 내리막이 있습니다. 좋았던들 화무십일홍입니다. 잠시 잠깐 머물다 아낌없이 몽땅 주고 가야 합니다. 어차피 미련 없이 내려놓고 가야 할 인생이지요.

부자가 천국 가기가 차라리 낙타가 바늘귀 통과하는 것이 쉽다는 이야기이고, 보면 그만큼 녹록지 않다는 것이지요? 종두득두, 심은 대로 거둔다는 성경의 말씀, 평범한 진리를 알고서야 어찌 집 없는 자의 서러움을 보고만 있을 것인가요?

17세기 네덜란드에서 일어났던 버블경제의 단초가 된 튤립파동이 있었지요. 세계 최초의 버블경제로, 역사의 한 페이지를 장식했지요. 당시 오스만제국의 세력 확장으로 유럽 네덜란드에 들어온 튤립의 가격이 천정부지로 올랐습니다. 투기의 대상이 되어 상식 밖으로 올랐지만 일확천금을 꿈꾸는 사람들의 욕심이 극에 달하여, 너도나도 묻지도 따지지도 않는 투자와 재배로 가격에 거품이 발생했고, 급기야는 대폭락으로 튤립의 가치가 곤두박질쳤지요. 오늘날도 부동산, 집값의 지나친 상승과 과당 경쟁은 튤립파동처럼 되지 말란 법도 없지요. 한때는 부의 상징이 되었지만, 경제를 망치는 주범이 되고 있지요. 17세기 네덜란드에서 일어났던 엄연한 역사로 나라 경제는 물론 우리들의 삶에 반면교사로 삼아야 할 일이지요.

부동산 투기,
인면수심에 나라 경제,
우리들의 속이 타들어 갈 뿐이다.
검정 숯덩이로.

여순! 어느 미망인의 애가

임아!
태양 같은 당신이 떠난 후 문득문득 생각이 났지요
곁에 있는 듯 당신의 그림자
깜짝깜짝 놀라며 살아온, 헬 수 없는 세월
구비, 구비마다 보고팠던 그리움, 지친 그 세월
허구한 날 손꼽아 기다려도
이날 이때까지 돌아오지 않는 야속한 당신을
속절없이 마냥 기다렸소
어느 하늘에 계시는지
대답 좀 하시구려

임아!
이제나 저제나, 살아서 돌아만 온다면
읍내 삼거리에 얼싸안고 춤을 추며
머리카락 싹둑 잘라, 미투리라도 삼으련만

이 내 마음 아는지 모르는지 무얼 하시는지
저세상이 그리도 좋던가요
대답 좀 하시구려!

임아!
베갯잇이 다 젖도록 그리워 목 놓아 울었던들
돌아올 수만 있다면 석삼년이라도 울겠소만,
무슨 소용이 있으리오, 이제나 저제나 기다리다 지쳐서
그렇게 예쁘다던 곱던 얼굴, 백발에 주름이 가득하니
애틋한 사랑, 십 리 밖이 천국인데 그리도 좋던가요
갈 날도 가까왔소, 만날 수 있겠지요
못 다한 그 사랑을

임아!
당신이 두고 간, 남겨진 자식들
때때옷 곱게, 곱게 까막눈 만들까 마음 졸이며
애비 없는 자식, 근본 없는 자식이라는
오명을 들을까 자나 깨나 밤낮없이 노심초사했지요
그 세월이 어질어질하다오

임아!
당신 닮은 자식들 위안 삼고,
반듯하게 키우려고 애를, 애를

당신께 욕이 될까 부들부들 부단히도, 신발짝이 다 닳도록
행상으로 갖은 고생 팔자 런이, 살아온 그 세월이
야속타 못해 애절해서 눈물마저 메말랐지요
세월이 약이라지만 어찌, 잊을 수가 있겠어요
눈물로 얼룩진 지나간 세월
무엇으로 다시

임아!
야속한 수많은 세월을, 꿈엔들 잊을 수가 있겠으며
잊지 못할 선홍빛 처절한 애가를
만날 날 있을까요, 잊지 말아요
백년을 살자던 얼룩진 맹세를
잊을 수가 있나요
핏빛 맹세를

매년 시월 십구 일 여순사건, 그때가 되면 남도는 무겁게 가라앉
습니다. 이제는 말할 수 있지만 숨죽여 살아온 수많은 세월이 지
나고서야 말할 수 있었지요. 참으로 애석한 일입니다. 국가의 폭력
앞에 말할 수 없었던 지난날이 애석하기 짝이 없지요.

앞으로 이런 세월이 두 번 다시
없어야 할 텐데?

221113

그날! 뜨거운 젊은 피를

금수강산, 대한민국의 수도 한복판, 서울특별시 용산구 이태원 동 일원, 좁디좁은 골목길, 연기처럼, 바람처럼, 생을 송두리째 날려 버린 마의 골목길, 청천벽력과도 같은 압사라니, 핼러윈에 하늘이 무너졌지요. 억장이 무너졌지요. 이 무슨 슬픈 변고, 아니, 무슨 가당치도 않은 인재란 말인가요?

그날, 이천이십이 년 시월 이십구 일, 그들에겐 안전은 없었습니다. 국민의 안전, 생명을 책임지는 국가는 없었지요. 인간다운 인간을 추구하는 행정은 없었지요. 갈팡질팡, 오락가락, 오합지졸, 공염불만이 난무하는 치졸한 작태가 아닐 수가 없었지요. 작금의 사태에, 보신주의, 출세지상주의만 있었지요. 국민의 안전을 책임져야 할 자들은 없었고, 잔인한 방관자들만 있었지요. 허무맹랑한 방관자들만 있었지요.

그러고도 도도히 흐르는 국조의 건국 이념 홍익인간을 들먹거릴 수 있다는 말인가요? 민족, 겨레, 국가, 민주, 자유, 공정, 평화, 통일을 말할 수 있겠는지요? 저 극악무도한 가식, 가식들만이 난무하고 있지요.

그 누가 감히 아! 어이타! 뜨거운 젊은 피를 멈추게 했단 말인가요? 삼켜 버렸단 말인가요? 누가, 국가를 믿고 굳건히 잡았던 손을 놓았단 말인가요? 국가는 무얼 했단 말인가요? 누가? 왜? 강 건너 불구경하듯이 보고만 있었단 말인가요? 눈을 감고 귀를 막고 있었단 말인가요? 귀중한 생명을 외면한 채로.

그대, 젊은이들은 뜻하지 않은 길을 가고야 말았지요. 그대들은 두려움이 가득 찬 겁에 질린 하얀 얼굴로 그만 잡은 손을 놓고야 말았지요. 그대는 왜 놓았단 말인가요? 그대는 마지막 하나뿐인 유일한 생을 놓고야 말았는지요? 아니, 국가로부터 놓임을 당했지요? 영영 볼 수도, 만질 수도, 잡을 수도 없는 그 길을 걸어가야만 했지요. 하늘 끝까지 아주 먼먼 우주로 여행을 갔지요. 가 보지도 않았던 초행길을 저벅저벅 떠나고야 말았습니다. 점점 멀어져 갔습니다, 우리들의 곁을.

이태원 애가

보고픈 날!
기다리마! 언제든지
그 모습 그대로 잊지 않고
기다리마! 죽도록
하얀 천사 같은

너를
너를

훗날 함께하자
천국에서
영원히.

230303

전세 사기가 웬 말이더냐

너 죽기 아니면 나 죽기라고, 너 죽고 내가 살아야 한다는 극단주의가 판을 칩니다. 도를 넘는 상식, 몰상식한 일들이 비일비재한 가운데, 집 없는 자들을 등쳐먹는 아연실색할 일들이 이 순간에도 금수강산 도처, 도처에서 벌어지고 있지요? 할 일, 못 할 일, 장난칠 일이 따로 있지 의식주로 사람에게 장난을 친단 말인가요? 웃어넘길 일은 아닐 듯싶지요. 생각 없이 무심코 던진 돌에 치명상을 입지요. 아주 지극히 작은 자, 약자는.

먹고살자는 일일지라도 정도가 있는 법. 그럼요, 정도껏 해야지요. 전 국토를 이 잡듯이, 모든 집들을 몽땅 집어삼킬 태세이니 미쳐 소화나 되며 감당이 되겠는가요? 해도 해도 너무하지 아니한가요? 어째서 저만 잘 살겠다고, 최후 발악을 하는 좀비들처럼, 아니면 말고 식으로 행동할 수가 있는가요?

살다 보니 할 짓이 없어서 전세 사기를 친다는 말인가요? 근근득신, 하루하루를 어렵사리 살아가는 약자들, 서민들의 눈에는 피눈물이 납니다. 일순간 생을 원망하며 나락으로 떨어져 살 소망을 잃어버리고 극한을 선택하는 안타까운 일들이 방방곡곡 도처에서 벌어지고 있지요. 오죽하면 생을 마감까지 할까요? 생을 마감하는 이들이, 가련한 인생들이 눈에 보이지도 않는다는 말인가요? 벌써 몇 번째인가요? 동병상련이라고 비참한 최후를 선택하는 저들의 현실이 안타까울 뿐이지요.

아름다운 삼천리금수강산에서 먹이를 찾아 코를 박고, 샅샅이 뒤지는 개돼지들처럼 투기로, 사기로 금수강산 이 강토에 꼭 똥 칠갑을 해야 하겠다는 건가요? 금수강산에 썩은 구린내로 오염을 시켜야만 하겠다는 건가요? 아무리 소리쳐도 공염불, 공허한 메아리만 돌아오지요. 이 세월이 어찌 되려고.

아무튼 가졌다고 자랑 말고 나누고 섬기어 영생복락 누리자! 선악 간에 분별하여 홀연히 지구를 떠나는 날, 두루두루 감사하네! 수고했네! 서로 위로의 말과 환송을 받으며 천사들의 손을 잡고, 당당하게 떠날 수 있기를.

집은
있어도 그만, 없어도 그만이 아니다.
선택이 아니라 필수이다.
생각이나 좀 하고 살자!
형제자매,
이웃을.

농, 임업 직불금

꼴랑 돈 몇 푼에
일지 쓰고 수입을 증명하라니
근거 자료를 내라고 닦달하는 나리님들
어지간히 엔간히 좀 해라
일지 쓴다고 일한다고 골몰하다
비실비실 돌아가시겠다

엄한데 돈 쓰는 사람은 뭐이고
몇백억 몇천억 그런 놈들 잡아내라
엄한 어미 애비 형제자매 잡지 말고
법도 법이지만 숨 넘어가겠다
엉덩이에 뿔난 못된 사람들아
작작 해라

돈 몇 푼에 농민 잡지 말고

국고 축내는 큰손들 좀 잡아라
몇백억씩 몇천억씩 해 먹는 좀비 같은 사람들
제발, 제발 엔간히 하자
딴에 법이라고
아서라!

좀 쉬엄쉬엄 살리라고
큰마음 먹고 왔건만 스트레스가 이만저만
아이 두야 고뿔 걸리겠다
제명대로 못 살겠다
돌아가시겠다
참말로

온라인 직거래로 수입 증명 했더니
수입 증명만으로는 안 된다고
영농작업일지가 없다고
퇴짜를

그때그때 못 써서
얼렁뚱땅 못 써서
대충대충 못 써서 포기했다
아쉽지만

보초병 꿋꿋이

보초를 서려면 이 정도는 서야지요. 전국이 태풍으로 온통 휩쓸리고 뒤집어지는 이 판국에, 생명이 위태로운 공포의 난리, 물난리 통에도 우리 집 꿋꿋이가 한 발자국도 물러섬이 없이 그 자리를 이렇게 꿋꿋이 지키고 있지요.

세차게 몰아치며 쏟아지는 소낙비 폭우, 삼킬 듯 세찬 비바람에도 아랑곳하지 않고 물러섬이 없이 비가 오나, 눈이 오나, 바람이 부나 단호히 식음을 전폐하고, 꿋꿋이는 그 자리에서 말단 최전선, 초병의 임무를 다하고 있지요. 조금도 흔들림이 없이 끝까지 임무를 수행하는 보초병 꿋꿋이, 만세! 만만세다. 꿋꿋이 네가 있기에 마음이 든든하지요.

며칠 전부터 삵들이 닭들의 오랍들이 저들의 집 앞마당까지 내려와서 파수꾼 개들이 지키는 난공불락 요새로 이리저리 교묘히 침투하여 농락을 하였지요. 어린 새끼들을 무참히 유린하였지요. 어린 생명들을 하나둘 모조리 도륙을 하고, 몇몇 어린 새끼들은 굴비 엮듯이 포로로 끌고 갔습니다. 인정사정없이 무참하게도 끌고 갔지요.

그래서일까? 어느 날부터 꿋꿋이는 한 치도 물러섬 없이 우리 마을, 우리 집은 내가 지키겠다는 향토방위, 향토예비군처럼, 유비무환 철통 방어라는 일념으로 철저히 매의 눈으로 지키고 있지요. 황당무계하게도 미물이라기엔 아찔하리만큼 무모한 높디높은 망대에 올라 꿋꿋이, 기특하게도 보초를 서지요. 앞뒤 좌우 샅샅이, 물샐 틈 없이, 사나운 매의 눈으로 보초를 서고 있지요. 힘센 사내들은 모두 다 어디로 갔는지, 부역을 나갔는지, 공출을 갔는지, 힘없는 아낙들이 보초를 서고 있지요.

우쭐우쭐대는 서울 큰집 애들은 어디로 갔느냐? 산지사방 어딜 그리 싸돌아다니는 건지. 똥개 새끼들처럼 집 발도 안 붙이고 발발거리며 이 집, 저 집 마을 곳곳, 방방곡곡 금수강산 이 강토, 만국으로 쏘다니고 있지요. 이번 이 물난리 통에도 구라파에 여행을 갔다고, 아니라고 순찰차 국외로 나간 엄연한 공무수행이라고 시끌시끌하지요. 서로 악다구니 게거품을 물었지요.

죄 없는 민가들이, 백성들이 아무 영문도 모르는 채 이유 없이, 온통 뒤죽박죽, 살림살이 하나 잡을 수도, 건질 수 없는 수해가 나서 국민의 생명이 왔다 갔다 쩔쩔매는 난리, 난리들인데, 하찮은 꿋꿋이도 보초를 서는데, 꿋꿋이에게 좀 배워라!

군대도 안 갔다 온 사내들을 믿지 못한 아낙네들은 용광로 같은 푹푹 찌는 무더운 날씨에 비까지 내려 물 폭탄에 물까지 흠뻑 뒤집어썼지요. 국민을 위해 보초를 서고 있지요. 감기는 안 걸리려나? 걱정 근심이 태산인데도 후안무치한 집 나간 사내들아! 정신들 차려라!

꿋꿋이 너는 군인 정신이 투철하여, 국민의 이름으로 포상 휴가를 내리겠다. 아니, 너의 생명을 영원히 보장하마!

갑절에 갑절 우 갑절로,
삼천갑자, 십팔 만세 동방삭처럼,
마르고 닳도록,
세세 오래도록,
아니, 영원토록.

서민 예산 삭감이라니

임대 주택 예산이 오조 원이나 깎였다는 이야기가 매스컴을 탔지요. 뿐인가요? 서민들의 예산이 줄줄이 삭감이 되었다는 소식이지요. 늘여도 시원찮을 이 판국에 가당치도 않게 깎았다고 하지요. 물론 국가의 세금, 예산을 절약하고 규모 있게, 적재적소, 신중에 신중을 기하여 유용하게 써야 하겠지만 그렇다고 서민에게 쓰일 예산을, 예산의 일 순위는 서민 예산이 아닐까요? 그들도 한때는 국가를 위해 청춘을 바쳐 일했을 테니까요. 지금도 각 분야에서 크고 작든 일하고 있는 것이 주지의 사실이지요.

누구의 짓인지는 잘 모르겠지만 뻔뻔한 자들의 소행이 아니겠는지요? 집 없는 자들을 걱정하고 생각한다면서 서민예산을 싹둑, 할 짓은 아니지요. 후한이 두렵지 않다는 말인가요? 후안무치 그 자체이지요. 훗날 거울을 보듯이, 명명백백 만천하에 드러날 것이지요. 인간이 의식주보다 급하고 다급한 일이 또 있을까요? 이보다 더 큰일이 세상천지 어디에 있단 말인가요? 의식주 해결도 못하는 국가, 행정은 무엇에 쓰려고 있다는 말인가요? 무엇하러 있다는 말인가요?

한때는 표를 달라고, 머슴으로 뽑아 달라고, 상머슴으로 일하겠다고, 그때는 미친개처럼 멍멍 헛소리나 했단 말인가요? 아니지요. 개는 헛소리를 안 하지요. 적어도 제 주인의 발자국 소리는 알거든요. 그래서 개만도 못하다는 말이 있지요? 빌 공자 공약이라더니 하늘 같은 국민을 상대로 그것도 빈자들을 상대로 헛소리를 했단 말인가요? 가당치도 않게.

박 정권 시절에 야심 차게 내어 걸었던 슬로건이 하나 있었지요. "멀지 않은 장래에 고래 등 같은 기와집에서 하얀 흰쌀밥을 배불리 먹을 수 있도록 하겠다."라는 것이었지요. 이제는 흰쌀밥을 먹을지는 모르겠지만 고래 등 같은 기와집은, 글쎄올시다? 집은 남아 돌아간다는 이야기이고, 집 없는 사람들은 줄어들지 않는다는 것을 보면 무주택 해결의 실마리가 보이지 않는 요원한 일인가요? 아무리 보아도 기미는 없어 보이지요. 요원한 숙제인지도 모르겠어요. 풀지 못하는 미제 사건처럼.

아니, 어쩌면 해결할 생각도, 능력도 없는지도 모를 일이지요? 부귀영화를 누리는 고위층들과 부유층들은, 부동산으로 부를 축적할 기회마저 사라지고 줄어들까 전전긍긍하는 모습들이지요? 참으로 어처구니없는 일이지요. 서민이야 죽든 말든 내 알 바 아니라는 안일한 생각을 할지도 모를 일이지요.

하늘이시여 집이라도

어찌 하나요
자비와 긍휼을 베풀어 주소서
울부짖는 저들의 소리를 들어 주소서
땅을 치며 통곡하는, 없는 자들의 절규를 들어 주소서
저들도 집 한 채 가질 수 있는 은혜를 베풀어 주소서

하늘이시여
사람의 힘으로는
세금만 축내는 위정자들의 힘으로는
도무지 감당할 수 없사오니
아니 가망이 없사오니
천군천사라도
저들을 움직이소서
천우신조 당신께서

하늘이시여

감히 누가 누굴

중복이 지나고 살이 익을 듯이 붉은 수은주가 시소를 탑니다. 시뻘건 백주 대낮에 아니나 다를까, 상위 포식자 살쾡이란 놈이 드디어 날카로운 이빨을 드러냈습니다. 도처에 제집 드나들 듯이 드나들며 저 어린 것들을 농락하다니, 활개를 치며 분탕질입니다. 오만 데 들쑤시고 다니며, 저 무도한 살쾡이, 이게 뭐람?

어느 별나라 어느 나리께서는 작금에 선인들이 되 짜고 말 짠 헌정 질서를 무너뜨리고 정의니, 자유니, 평화니, 말을 앞세우고 깽판을 친다는 소문이지요? 어디서 감히 어느 안전이라고, 그것도 뚫린 입이라고 게거품을 물고 입에서 나오는 대로 주둥이를 감히 놀리니? 침이나 바르고 꼴통짓 작작 하고, 정도껏 설쳐야 하지요? 결국에 토사구팽으로 눈물 질질 짜지 말고, 못 볼 꼴 볼라 조심해야지요. 막무가내로 설치니 토할 것 같지요. 제 주둥이라고, 주둥이를 함부로 놀리다 보면, 보기 좋게 찢어질 날이 있을 테니 조심들 해야지요.

소위 왈, 나리님들! 살쾡이 이놈들이 닭을 농락하듯이, 겁도 없이 탱자탱자 태산불알 마구 요랑 흔들 듯이 흔들며, 팔자걸음으로 거들먹거리며, 이리저리 헤집고 돌아다니면서, 울화통이 터지도록 화를 돋우지 말아요. 저만 배우고 안다고 거들먹거리지 말아요. 나이는 똥구멍으로 먹었는지, 오리발을 내밀고 함께 가야 할 같은 민족, 같은 인간들을 들었다 놓았다. 조삼모사로 아침 다르고 저녁이 다른 얄팍한 개수작으로, 어느 안전이라고 농락을 하나요? 옆에 있으면 보기 좋게 한 방 먹이고 속이 다 후련하련만, 이를 어쩌나. 손을 뻗어 보았자 천 리 밖이니 이러지도 저러지도 못하지요. 다수는 민생고에 짓눌리고 치여서 어찌할 바를 모르고, 황천길이 어딘지 북쪽 하늘만을 쳐다보고 있지요. 그렇다고 다 죽은 것은 아닐진데, 농락을.

농락을 당하다

살이 익을 듯
삼복지경 오르락내리락
출렁이는 번지점프를
대명천지 벌건 백주 대낮에, 이게 뭐람
살쾡이 이놈이 제집 드나들 듯이
병돌이, 병순이들을
무참히

이놈이
탱자탱자 태산불알을
요랑 흔들 듯이 흔들며 이리저리 헤집고
저 어린 것들을 맘껏 농락하다니
애무한 병돌이, 병순이
아뿔싸! 죽이고 살리는 것은
하늘만이

어디 너뿐이랴
작금에 놀아나는 작태들
저 어처구니들 이러지도 저러지도
사람이나 짐승이나 한 놈 때문에 무참히도
개차반 같은 농락을 당할 수도
이다지도 몰랐단 말인가
왜 이리

이미 엎질러진 물
애당초 설익은 수박
인명은 재천, 뽑고 안 뽑는 것은 국민의 손에
한심한 꼴, 어이 보고 살려 하는가
죽을 때까지
멍멍하며 살려 하는가
애처롭게.

순살 아파트

무슨 소리여! 순살 아파트라니? 살다 살다 별꼴이 반쪽이지요. 사고를 쳐도 정도껏 칠 것이지. 생명을 담보로 몹쓸 짓을 하다니, 국민의 안전을 희희낙락거리며 어느 집 개 팔아먹듯이 팔아먹었지요. 소가 웃고 사람이 경악할 노릇이지요. 어찌하면 좋다는 말인가요? 대략난감 그 자체이지요.

옛 선인들의 말씀에 여우가 토끼의 간, 쓸개를 다 빼먹는다고 하더니, 여우 같은 사람들이 간, 쓸개를 빼먹듯이 철근을 요소요소, 야금야금 빼먹었다고 하지요. 아파트를 말랑말랑한 순살 게맛살처럼, 야들야들하게 그렇게 만들다니, 어디 될 법한 말인가요? 거주자, 국민의 생명을 담보로 몹쓸 짓을 하다니?

지축을 뒤흔드는 감당키 어려운 지진이라도 난다면 어찌하겠단 말인가요? 살다 살다 별 꼬락서니를 다 보고 살겠어요. 말세다. 말세지말이라 하더니, 저 흉악무도한 짓을 하는 작자들을 똑똑히 지켜보자고요! 이나저나 배짱 하나는 두둑하나 봐요? 어디 든든한 뒷배라도 있다는 말인가요? 저 죽는 줄 모르고, 저 죽을 줄 모르고 무슨 똥배짱이란 말인가요?

순살 아파트라고 매스컴에 도배를 해도 눈도 깜짝하지 않으니 날 때부터 그런 사람들인지 모를 일이지요. 조물주가 이 땅에 보낼 때 그만 깜빡하고 양심을 빼 버리고 보냈나 봐요? 그렇지만은 않을 텐데요? 어디다 팔아먹었는지, 그저 한심할 따름이지요. 댁에 어르신들이 그러라고 가르치지는 않았을 텐데 말이지요? 공부도 공부이지만 먼저 사람 되라고, 아니, 공부를 가르치는 것은, 첫째, 사람 되라고, 사람 구실 하라고 공부시키는 것이 아닌가요? 흐물흐물한 사회, 순살이나 만들라고 어르신들이 피땀을 흘렸다는 말인가요? 나라에서, 우리 모두의 세금으로 가르쳤다는 말인가요?

순살 아파트

부동산, 부동산
나랏돈 엄한 데 쓰지 말고 꼼수나 부리지 말고
빈집들 사들여 공급 좀 하시게
넘쳐난다는데

꿩 먹고 알 먹고 누이 좋고 매부 좋고
마당 쓸고 동전 줍고 도랑 치고 가재 잡고
일거다득

얼빠진 사람들아
부동산, 부동산 하는데
건설, 건설 하는데 순살 아파트가 뭐시여
용가리처럼 뼈대를 보는 쪽쪽 빨아 먹어나 벼
여기서도 뼁, 저기서도 뼁, 뼁뼁
순살 아파트까지 생겼다는
슬픈 이야기

코 묻은 돈
흘린 콩고물이라도 챙기려고
여기저기 투기꾼 협잡꾼 동부서주 활개를
이 사람들아

하늘이 보다 보다 웃고 있다
이 사람들아
후한이 두렵다

다시 뛰자
집 없는 자를 위하여
우리 모두

230807

윗물이 맑아야

윗물이 맑아야 아랫물도 맑다는 속담이 있지요. 틀림없는 변함 없는 진리의 말씀입니다. 사대문 안 육조거리에서 부어라 마셔라 하는, 빨간 딸기코 나리들이 있지요. 낮인지 밤인지 분간도 못 하고 시시때때로 부어라 마셔라! 한사코 어처구니없는 못된 사람들이 아닐 수 없지요. 무슨 일을 하는지 도무지 모를 팔자걸음으로 서성거리다가, 우리가 한눈파는 사이에 쏙하고 계집의 품으로 맡겨 준 일, 저할 일 아니하고 아래로 아래로 패스, 패스하고 책임지지 않으려는 얼간이 같은 나리들이 홍홍거리며, 손도 안 대고 코를 풀고 있지요. 정성껏 지은 다 된 밥에 코를 빠뜨리고 있지요?

아주까리 등불의 흐릿한 불빛, 가야금병창이 새어 나오는 주막들이 줄줄이 즐비하다는데, 가 본 사람들의 이야기이긴 하지만, 나리들이라면 묻지도 따지지도 않고 뒷문으로 슬쩍슬쩍 무사통과하는 패스, 비표가 있어야 한다지요. 그런 주막이나 들락날락거리며 낯짝에 좋다는 동백기름 반질반질하게 덕지덕지 바른, 피 빨아먹는 기생이나 꿰어 차고 앉아서 국론을 분열시키는 그런 자들이 있다 하지요? 야릇한 분내를 물씬 풍기는 여인들의 치마폭에 싸여 한세월 보내는 저들을 어찌하면 좋단 말인가요? 방법이야 있지요. 몽둥이찜질로 쫓아내야지요. 무엇으로?

미루어서는 안 될 일, 하던 일, 꼭 해야 할 일, 대포알이 이 산 저 산 뛰어넘어 오는데도 아랑곳하지 않고, 산적한 민생고를 저잣거리에 보기 좋게 내팽개치고, 꼴좋게 안보, 안보, 안보를 입에 달고 살아가지만 속 빈 강정들이지요. 벌거벗은 임금님처럼. 군대들은 갔다 왔니? 수류탄을 던져 봤니? 총은 쏘아 봤니? 무엇을 하는 작자들인가요? 안보, 안보, 꼴사납게 뚫린 입이라고 입에도 올리지 마라! 무슨 자격으로, 무엇을 하자는 벼슬아치들인가?

뿐인가? 왕년에 알록달록 요염한 불빛이 새어 나오는, 소위 왈, 요정에서 한 주발 거나하게 했다고 자랑을 늘어놓는 꼰대들? 언행 불일치인 어르신들? 정신들 차려야 할 듯합니다. 저 좋다고 되고, 말고 찍어 대더니 꼴이 말이 아닙니다.

너는 맑으냐? 묻는다면 할 말이 없겠지만, 묻는 너는, 도긴개긴 공사판일 터. 그렇다고 못 본 척, 꿀 먹은 벙어리로 살아갈 수만은 없지 않은가? 궁색하지만 눈꼴이 시어서 못 살겠습니다. 그렇기에 힘주어 늘어놓아야겠습니다. 들든지 말든지, 막말로 저들이 알아서 할 일이지만, 다음에는 반드시 심판을.

윗물이 썩으면 아랫물도 썩는다.
윗물이 맑으면 아랫물도 맑다.
명백한 진리이다.

나라는, 지방은 누가 망칠까

불의라면 보고 못 사는 이들이 있었지요. 바른 소리, 쓴소리의 달인 친구와 후배가 있었지요. 거나하게 술만 마시면 더러운 세상 못 보고 못 살겠다며, 욱해서 입버릇처럼 육두문자를 쓰며 그래도 분이 안 풀려 "대한민국은 민주공화국이다."라며 핏대를 세우고 이 말만은 빼놓지 않았지요. "대한민국은 서울 거시기대 나온 놈들이 망치고, 지방은 똥통고 나온 놈들이 망친다."고 힘주어 말하고, 이 것저것 푸념을 늘어놓던 개구진 초등학교 일 년 후배가 있었지요. 술이 과하다 싶으면 개차반으로 위아래 가리지 않고, 그저 아무나 돌로 보고 일장 연설을 해 댔지요. 쓴소리를 시원하게 눈치도, 따지지도 않고 거침없이 날렸지요.

아무튼 용기백배 할 말은 한다던 후배였지만, 야속한 세월 앞에 무릎을 꿇고 말았습니다. 술이 원수였습니다. 그 좋다던 술이 데려갔지요. 삼산삼거리 주막집이 제집인양 자주 드나들던 이들은 벌써 꽃 산으로 갔지요. 대포알 같은 술병을 옆구리에 끼고 살던 이들이지요. 그날도 정치가 엿장수 마음대로, 엿 같다고 술병을 끌어안고 속 끓이다가 갔지요. 좋은 세상 좋은 꼴 못 보고 먼저 저세상으로 갔지요. 척척 곤죽이 맞아 울분을 토하던 단짝 친구도 갔지요. 고인이 된 지도 벌써 십수 년, 퍽 오래되었지만 가끔은 생각이 나는 후배와 친구이지요. 어찌 되었든 듣고 가만히 생각해 보면 한역 일리가 있어요? 다는 아니겠지만.

좋은 친구

아까운 사람
똑똑한 사람
똑똑한 사람들 좋은 친구는 먼저 죽는다더니
좋은 친구
이를 두고 하는 말일 게다
모름지기

이제는 저세상 사람들이지만 작금의 일들을 바라보노라면 족집게 예언이라도 한 것처럼 빼도 박도 못하는 격언인 것 같지요? 국가나 마을이나 한두 사람에 놀아날 때를 보면 소위 왈, 배웠다는 식자 지식인들이 망치는 경우가 없지 않지요? 국민의 상층부에서 누릴 것 다 누리고 지방에 와서까지 놀아나지요?

주권자인 국민이 뽑아 놓은 머슴에 불과 하지만 어느 날부터 세

도가로 변신해서 평생 배를 긁적이며 깽판을 치지요? 그러기에 뽑아 놓은 주권자의 잘못이 매우 크지요? 무엇보다 분별할 줄 아는 혜안이 우리들에겐 필요하지요. 낭패로다, 낭패로다, 낭패이지요.

멀지 않은 지나간 과거의 역사를 보면 알 수 있을 텐데 말이지요? 그렇게도 무지의 소치를, 만방에 드러내야 하겠는지요? 속담에 열 길 물속은 알아도 한길 사람의 속은 모른다는 말이 있지요. 그런 말이 있다손 치더라도, 어렵지만 그들의 삶을 찬찬히 들여다보면 쓸 놈인지 몹쓸 놈인지 적어도 알 수는 있을 텐데. 그렇습니다. 뭐니 뭐니 해도 지도자가 중합니다. 사람, 지도자 한 사람 잘못 세우면 패가망신의 첩경이지요. 그런 자를 뽑으면 뽑을수록 보기 좋게 거덜이 나지요?

아니, 생명이 위태로운 수습 불가, 큰일이 나지요? 나라나 마을이나 똑같습니다. 기업도, 일개 가정도 마찬가지이지요? 전쟁이나 천재지변 등 재난에 빠른 대처와 수습, 빠른 복구가 요구되지만 우왕좌왕 똥오줌 못 가리고, 어쩌라고 배 째라는 고집불통으로 일관하는 한심한 지도자들이 더러 있다는 소문이지요? 이들로는 장래가 없습니다. 지금도 진행형입니다.

지식보다 지혜가 요구 되는 시대이다.
마음이 건강한 지도자가 요구되는 시대이다.
애당초 잘못 뽑아 놓고,
우리는 애를 끓이나?
왜?

대의민주주의 무시 마라

그 좋던 여름은 가고 찬바람이 스산한 겨울이 왔지요. 정치마저 마음을 스산하게 얼어붙게 하지요. 오늘날의 정치, 한겨울에 밀려오는 북극 한파처럼 모든 것을 얼어붙게 하지요. 이것이 정치의 현실이지요.

민주주의는 대의정치라고 해도 무방하지요. 지나침이 없지요? 지도자들은 백성들의 바람을 오롯이 받들어 삶의 질을 높일 수 있는 정책, 모두가 공감할 수 있는 정책으로 담아내는 것이 대의민주주의라고 말할 수 있겠지요?

백성들의 바람을 무시하고 제멋대로, 안일하고 무도한 정신과 행동으로 어찌 국민을 받들어 모신다고 말할 수 있겠어요? 때만 되면 오로지 백성들의 종이라고 내가 시대가 요구하는 상머슴이라고 앞다투어 머리를 조아리고, 따라쟁이 앵무새처럼 가당치 않은 말재주와 술수, 가당치 않은 수작으로, 무도하게도 아무 생각 없이 그저 나불댄다는 말인가요? 어림없지요.

때가 때인 만큼 각별히 유의해야지요. 또 한 번의 때를 놓친다면, 그릇된 판단으로 민의를 대표하는 자들을 잘못 선택한다면, 생명! 보다 나은 안전한 미래를 약속받지 못하지요.

대의민주주의를 꽃피우기 위해서는, 투표를 통해서만 가능한 일이지요. 중차대한 일이지요. 백성의 사활이 걸린 투표의 중대성을 안다면 가벼이 여길 수는 없지요. 투표에서부터 임기 마지막까지 회를 거듭하면 할수록 올바른 선택을 위하여 매의 눈으로 살펴보아야 하지요. 그리고 만약에 못한다면 소추로, 투표로 가차 없이 심판해야 하지요. 백성들, 국민들 각자 각자 오감으로 촉각을 곤두세우고, 한 치의 오차도 양보도 없이 정치다운 정치가 되도록 온 힘을 기울여야 하지요?

항간에 민의는 어디로 갔는지 마이동풍, 우이독경으로 최상의 정점에서 아랑곳하지 않고 마치 중세 봉건주의의 군주처럼 제멋대로 한다고 아우성이지요? 받들어야 할 백성들의 머리 꼭대기에서 아무런 대책도 생각도 없이 아슬아슬 줄을 타는 곡예사처럼, 떨어질 듯, 넘어질 듯, 아찔한 줄타기로 백성들의 불안을 한층 더 야기시키고 있지요? 딱히 할 일이 없는지 국외로 산보 가듯이 놀아난다고, 어쩌고저쩌고 근심 걱정이 태산이지요. 벌토끼 잡으려다 집토끼 잃어버리는 천추의 한, 뉘를 범하지는 말아야 할 텐데요?

기왕지사 주권행사를 제대로 하려고 마음을 먹는다면, 대의정치를 제대로 하게 하려고 한다면, 투표부터 제대로 하여야 하지요? 올바른 선택을 하여야 하지요? 국가의 존폐 위기 흥망성쇠가 달려 있기 때문입니다. 버스 지나간 뒤 손 들기라고, 뒤늦게 후회를 하였던들 흐르는 강물처럼 이미 엎질러진 물처럼 돌이킬 수가 없지요.

그릇된 판단의 선택으로 말미암아 대의민주주의는 실종되고, 이런저런 상처들이 치유되기까지 적잖은 시간이 필요합니다. 피나는 노력을 필요로 합니다. 그러기에는 국민들의 희생이 너무 크지요. 올바른 투표가, 선택이 우리의 생명과 안전, 여유가 있는 풍요로운 삶, 삶의 질을, 우리들의 미래를 결정지을 것입니다.

대의민주주의

대의민주주의 졸로 보이는가
수렴하여야 할 대의를 한낱 졸개쯤으로
아서라 정신 줄 놓지 마라
어느 안전이라고

다수 국민의 의견을 무시 마라
그 속에 답이 있다
찬찬히 살펴보노라면 의외의 월척을
진주를 발견하게 될 것이다
독불장군은 없다

맞아야 할 비바람이라면 맞자
그리고 나아가자
미래를 위하여
오로지

팔영산 야인 정치사회 고군분투기

지방 공동화, 소멸

먼저, 누구랄 것도 딱히 없지만, 이러다간 이방 민족이 한반도를 차지하고 호령할 날이 올까 봐 두렵지요. 배달의 민족, 백의민족이 소수민족이 될까 봐 두렵습니다. 적어도 위정자들이라면 밤잠이 오겠는가요? 그렇지 아니한가요?

칠팔십 년대 산아 제한이 오늘날 인구 절벽 지방 공동화, 소멸을 걱정해야 할 줄을 미처 알았겠는지요? 그때는 먹고 못 살아 특단의 대책이었는지는 모르겠지만, 오늘날 이렇게 위기를 맞이할 줄이나 알았겠나요? "둘만 낳아 잘 기르자!", "둘도 많다. 하나만 낳아 잘 기르자!"라는 슬로건으로 한때 텔레비전의 단골 메뉴, 국정 홍보 메뉴로 밤낮을 가리지 않았었지요. 어쩌다 산부인과로 문지방이 닳도록 드나들지 않았던가요? 그 많던 산부인과와 산후조리원, 산파와 산모는 자취를 감출 지경이니 참말로 산전벽해, 격세지감이 아닐 수 없습니다. 한 치 앞도 내다볼 수 없는 것이 인생이지요.

지방 공동화, 인구 소멸을 막으려면 지방에 사는 매력을 느낄 수 있도록 힘을 써야 하겠지요? 표를 얻기 위한 임시방편, 인기몰이는

지향하고 실질적으로 피부에 와닿는 정책들을 개발하여야 하겠지요? 방방곡곡에 서민경제가 살아나야겠지요? 난제이기는 하지만 심혈을 기울인다면 가능하지 않을까요? 아니면 물이 제 길로 흘러가듯이 자연에 맡겨야 하나요? 아니면?

이로써 서민경제가 살아나야 하겠지요. 앞으로 막연히 나아질 거라는 생각은 금물이지요. 결국 정치, 경제, 사회는 우리들의 삶을 지배하는 것으로 부인할 수 없는 기정사실이지요. 적극적인 인구 정책으로 젊은이들에게 믿음을 주는 정책이 필요하지요. 마음껏 낳아 기를 수 있다는 믿음을 주어야 하겠지요. 경제적인 문제가 해결된다면 가능하지 않을까요?

뿐만 아니라 모든 면에서 살맛 나는 세상이 되도록 힘써야 하겠지요. 나의 발전이 곧 국가의 발전이고, 국가의 발전이 나의 발전이라는 공동체 의식, 애향심, 애국심이 필요하지요. 많은 사람들이 이구동성으로 말들을 하지요. 요즈음 정치 경제가 실종되고 먹고 살기가 힘들어졌다는 말들을 많이 하지요? 삶이 팍팍해져서 힘들다는 이런 세월이 계속된다면, 그 누가 후세를 낳고 기르겠다고 나설까요?

정부와 입법부는 다방면으로 연구하고 인구 정책에 최우선을 두어야 하겠지요. 물론 다양한 연구소에서 연구를 하겠지만 아직은 부족하리라는 생각이 드네요. 일회성 이벤트가 아니라 젊은이들에게 믿음을 줄 수 있는 그런 정책이 필요하지 않을까요? 알게 모르게 많은 정책들이 있겠지만 정부를 신뢰하고 편안한 마음으로 낳고 기를 수 있도록 최선의 정책 보따리를 풀어 입맛을 다시며 관심을 가질 수 있도록 밑밥을 놓아야 하지 않을까요?

잘은 모르겠지만 무엇인가 특단의 처방이 필요하리라 생각이 드네요? 국민이 혼연일체, 보다 나은 내일을 위해 온 신경과 모든 역량을 집중하여야 하겠지요? 끊임없이 펼쳐 나아가야 하지 않을까요?

이제는 "너나없이 많이 낳아 잘 기르자!"

"낳기만 해라! 책임진다."

어떤가요?

231227

환골탈태만이 살길이다

　분골쇄신의 각오로 환골탈태, 혁신을 하지 않는다면 우리들에겐 미래가 없지요. 모든 것들이 대단한 각오와 대단한 정신, 다시 서겠다는 뼈를 깎는 각오와 새로운 길을 모색하겠다는 변화가 우리를 살릴 것입니다.

　작금의 시류를 보라! 무엇 하나 제자리를 잡고, 안정된 모습을 볼 수 있다는 말인가요? 위태로운 불안전한 모습에서 안전감을 찾기란 매우 어렵지요. 조석지간으로 변화하는 초스피드 시대에 적응하고 살아남으려면 새롭게 바뀌어야 살아가겠지요.

　작금의 시류를 보라! 정치 경제 어느 것 하나 제자리를 잡지 못하고 있는 저 형국을. 물가에 어린아이를 세워 놓은 것같이 불안하기만 하니, 이를 어찌하면 좋다는 말인가요? 바뀌어야 합니다. 국민이 원한다면 바꾸어야 하지요. 더러운 환부를 도려내고, 후폐한 생각들을 일소하고, 완전히 탈바꿈을 하여야 하지요.

　누에를 보라! 시렁에서 밤낮없이 거친 뽕잎을 먹고, 넉 잠을 잔 후에 준비한 섶에 오르면, 실을 뽑고 집을 짓지요. 하얀 고추 집을 짓지요. 그렇게 번데기로 변하고, 칠 일 후, 나방으로 완전 탈바꿈을 하지요. 이와 마찬가지로 완전히 달라져야 하지요. 국민을 대변하는 선출직뿐인가요? 임명직에 있는 모든 자들도 더할 나위 없이 바뀌어야 하지요. 오직 국민을 위한 봉사자로서 그런 대명제 아래 분골쇄신, 환골탈태 혁신이 요구되지요.

금수강산 이 강토가 해를 거듭할수록 난리법석이지요. 너는 죽고 나는 살자는, 결국은 너도 죽고 나도 죽는, 하늘 무서운 줄 모르는 극한 대립, 이를 어찌하면 좋다는 말인가요? 금방 돌아서면 들통이 날 텐데, 그럼에도 불구하고 무릎을 세우고 빡빡 우기는 거짓의 도가니 속에서 헤어나질 못하고 있지요? 무조건 나 죽었소 머리를 조아려도 부족할 이 판국에, 뱀 대가리처럼 빳빳이 쳐들고 오만 객기를 다 부리고 있으니 죽음의 그림자가 오리무중 안개처럼 금수강산 이 강토, 이 산천을 휘감아 돌아 나가지요. 아무 말도 없이.

언제는 분골쇄신, 환골탈태 혁신을 주문하고 그리하겠다더니만, 그새 잊었단 말인가요? 까마귀 고기를 먹었는지 말문이 막히지요. 이 강토 이 백성들이 한낱 하찮은 졸개쯤으로 보이는지, 기가 막힐 노릇이지요.

이제는 분골쇄신, 환골탈태 혁신이 살길입니다.
국가와 민족이 어서! 어서!
다시 소망으로
개과천선을.